拥有过度即奴隶

◎战晓书 编

吉林人民出版社

图书在版编目(CIP)数据

拥有过度即奴隶 / 战晓书编. -- 长春 : 吉林人民
出版社, 2012.7
　(青少年感恩心语丛书)
　ISBN 978-7-206-09118-6

　Ⅰ. ①拥⋯ Ⅱ. ①战⋯ Ⅲ. ①品德教育 – 青年读物②
品德教育 – 少年读物 Ⅳ. ①D432.62

中国版本图书馆CIP数据核字(2012)第150866号

拥有过度即奴隶
YONGYOU GUODU JI NULI

编　　者:战晓书
责任编辑:王　磊　　　　　　　　封面设计:七　洱
吉林人民出版社出版 发行(长春市人民大街7548号　邮政编码:130022)
印　　刷:北京市一鑫印务有限公司
开　　本:670mm×950mm　　1/16
印　　张:12　　　　　　　字　　数:200千字
标准书号:ISBN 978-7-206-09118-6
版　　次:2012年7月第1版　　　印　　次:2023年6月第3次印刷
定　　价:45.00元

如发现印装质量问题,影响阅读,请与出版社联系调换。

目 录
CONTENTS

目 录
CONTENTS

目 录
CONTENTS

目 录
CONTENTS

做人莫被钱奴役

古往今来，人们为钱欢喜为钱愁。

记得孩提时的一天夜晚，妈妈在煤油灯下给我们在家的三兄妹讲了一个关于钱的故事。很早以前，有一家腰缠万贯的财主，老两口因为钱多而经常吵架，终日不得安宁。而邻居老两口是卖豆腐的，虽然没钱可日子过得倒很平和甜蜜。一天，财主家又为钱闹起来，女主人说："咱们有钱的还不如邻居卖豆腐的呢。"男当家的把眼一瞪："我就不信，要是他们有了钱照样得吵，不信试试？"于是两人打赌，把一块金条用红布包好，悄悄扔进了隔壁的院子。结果第二天晚上，卖豆腐的老两口真的打起来了，一个喊用这钱盖房，一个闹着要置地……听完妈妈讲的故事，弟弟说："钱好，能买好吃的。"妹妹说："钱不好，它让人打架。"我眨眨眼，不知道是好还是不好，只知道没钱什么东西也买不了。

说来人都不信，我长到6岁了还没见过一块钱是什么模样，更没尝过花钱的滋味。因为当时农村太穷了，爸爸妈妈在生产队辛辛苦苦干一年记工分，到年终分配时才能领回两块多钱，给的还是毛角，还有就是养的几只母鸡便是"家庭银行",一个鸡蛋也只卖几分钱。这就是全年过日子的花销和四个子女上学的费用。一次,我在路边拣到五块钱,因为不认识就问过路的小伙子:"叔叔您看这是钱吗?"他看我是小孩,说声"不是"装进口袋就走了。从上小学三年级开始学雷锋做好事,我每天坚持给五保户张五娘扫院子、生炉子、提水,时间长了五娘心里过意不去,每月给我两毛钱。我高兴极了,心想能买六支铅笔,一块橡皮,可妈妈知道后不许我要,说帮老人干活不能要钱。没有办法,为了买学习用品,只能放学后去地里割草卖,一筐两分钱。我小学毕业,全班四个村的学生只有三个考上了省重点中学,我是其中的一个。虽然全家都很高兴,可连五块钱的学费都凑不齐,还得妈妈去借。开学后,每月只能靠两块伍毛钱的助学金打点全部生活费和学杂费。为了省钱,就不能住校,每天往返15里路带上窝头咸菜去走读。直到18岁,带着6个鸡蛋3块钱参军走进了军营。

时间如流水,转眼间我已年近半百,两鬓染白。在改革开放的大潮中我毅然辞去报社总编辑的工作,下海弄潮经商八年,手里有了钱。也许是没钱的日子烙印太深,也许是穷怕了,从来没有乱花过一分钱。1989年,原秦皇岛市委书记白芸生离休带着孙女来津到我当总编辑的报社看我,我请他们吃了一顿天津狗不理包子。还有就是今年初请蒋子龙和宁书纶老先生商谈我写的《人生歌》的书稿,也只是一起吃了顿便饭。有的朋友好意劝我说:"做生意靠的是吃喝联系感情，你赚那么多钱留着做什么？"我莞尔一笑："饭桌上说的多是酒话，做生意要讲真话，这是我的一个绝招。"确实，我靠说真话办实事赚了不少钱，也交了不少朋友。把所谓应酬交际请客吃饭的钱省下来给职工发了奖金，大家都过上了富裕日子。同时，资助有困难的同事、朋友，赈灾，支持慈善事业等花了几万元。我觉得这是把钱花在了正道上。在孩子的零花钱上，我也把握得很严。我只有一个儿子，从上小学时每月给一块钱开始，到上大学本科给两百元为限，不够用自己打工贴补。家庭富有不能先富了孩子，特别是独生子女。不能因为我们吃苦受穷多了，就给下代超前提供享受空间，而是应给他们多留一点创造空间和体验吃苦的机会。我想，这才是对子女真正的爱护与负责。去年冬天，由于身体原因，我又辞去公司工作。坐了十几年的专车没有了，儿子考虑到每周要回老家看奶奶不方便，也省得面子上不好看，建议我买一辆新轿车。我理解孩子的好意，钱也没问题，可是我思考再三对孩子说："爸爸是庄稼地走出的人，坐公共汽车或打的裁什么面儿？省下钱来让你奶奶给那些有困难的亲朋好友贴补点不更体面吗！"平时，我给妈妈的供养钱足够老人家吃香的喝辣的，可妈妈说："庄稼人粗茶淡饭保平安。"老人常把钱偷偷塞给有困难的亲戚。每每与我谈起这些事她都心花怒放。这样，我们三口之家也养成个习惯，生活上不能超过妈妈的水准。吃饭时掉下饭粒都要捡起来吃了，盘子里剩点菜汤也要喝了。我认为这不是小气，人应该惜福。

其实，生活中就是这样：有是因为不乱花，没有是因为不勤劳；节俭就是惜福养德，奢侈就是种祸积恶。人呀，应该常将有日思无日，莫到无时想有时。

在对待钱的有无、多少、来去的观念上，历来人们追求不一，结果也不同。这使我想起了两千多年前老子在道德经中讲的"知足即富"的至深哲理，看清了八百年前宋朝范仲淹为相几十载"捐宅办学"的先见之明，感悟了清朝曾国藩治家之道"富不过三代"的普遍规律。近代著名佛家居士聂云台生于官宦之家，中年出家后所著《保富法》中列举了许多亲眼所见：上海地皮大王陈公，家资四千万两白银，而从不济贫救灾，七年后两手空空，人无踪影；江西阔佬周翁，惜财如命，遗产三千万两白银，十年内被子孙败尽，沦落街头……这就是有钱人"为富不仁"得了"富贵病"的下场，使人感慨，令人深省。有些人为钱所惑，为钱所害，究其原因就是做了金钱的奴隶和牺牲品。殊不知：巧取豪夺，不是改革开放的目的，必遭果报；物欲横流，不是中华民族的追求，必受天谴；贪污腐化，不是做人的美德，必下地狱；尔虞我诈，不是市场经济的产物，必受惩罚。易经上说："天道亏盈益谦，地道变盈而流谦，鬼神祸盈而福谦，人道恶盈而好谦。"其要义就是讲物极必反，阴阳平衡，盈亏互补的道理，归根结底让人要走正道，不能违反规律走偏更不能走邪，不然必遭制裁。

钱是好东西？还是坏东西？我逐渐明白了：君子爱财，取之有道；君子花钱，用之正道；钱，是好东西。小人爱财，取之歪道；小人花钱，用之邪道；钱，是坏东西。钱，本无属性，无所谓好坏之分，只有主仆之别，不能颠倒。如果做了钱的主人，那么就应该善待他，有钱在安排好生活的情况下，可以助善、支教、扶贫、助残、公益等，这才是一种真正的富有或叫物质转换成精神，以达到升华境界。要是做了钱的奴隶，不仅贻害自己，而且累及子孙，最终把财富变成一种灾祸而已。请细玩味老子道德经中的两句话："既以为人，己愈有；既以与人，己愈多。"其道之深，其理之明，实乃道破真谛。这也是先人圣哲对钱财的一种宽容与厚爱的态度和释解吧。

人世间，活着容易活好难。难就难在活着一天也离不开"钱"字。没有它，生活困难：拥有它，用好了更难，真叫人操心费神。要是站得高一点，看得远一点，想得宽一点，把钱看开了，当好东道主，不管多少，无论有无，也许活得会轻松些自在点。为此，我编了几句顺口溜供各位看官参考：

如果是这样，我想爱钱有钱便是天大的好事。钱字太深，略抒浅见。愿天下众多缺钱的人，正道赚钱，把日子过好；愿天下少数有钱的人，把钱花好，以利后代成长。

（张　启）

渔夫的悲哀

有个富翁去海边旅游，见一渔夫正悠闲自在地躺在沙滩上晒太阳。富翁问："天气这么好，无风无浪的，你怎么不下海捕鱼？"渔夫说："我捕一天鱼能吃五六天，衣食无忧，挣太多的钱啥用？"富翁说："成了大款，你就可以舒舒服服晒太阳了。"渔夫笑道："我现在不是已经正在舒舒服服晒大阳了吗？"富翁无言以对，怏怏不乐地走了。

三年后，富翁又来到海边，有个乞丐伸手向他乞讨："先生，行行好，可怜可怜我，给点儿吃的吧！"富翁一怔，认出这个乞丐正是三年前那个舒舒服服晒太阳的渔夫。富翁问："你怎么会落到这步田地了呢？"渔夫也认出了富翁，羞愧地低下了头。他长叹一口气后说："先生，我真后悔当初没听您的劝告，我目光短浅，太容易满足。这几年，捕鱼的人多了，人家用的是高科技捕鱼新设备，我那小破船小破网再也捕不到鱼了。"

富翁听后喃喃自语：一个人倘若满足一时的生活无忧而丧失了进取心，该是多么的悲哀啊！是啊，生活中不也有许多像渔夫那样安于现状、小富即安的人吗。俗话说：人无远虑，必有近忧，那些偶获成功便放弃向更大的成功努力的人，其结局定会和渔夫一样，得到生活的惩罚。

（蒉　然）

死要面子活受罪

有的人的特爱"面子"，面子者，表面也，爱面子就是爱一种表面的虚荣。为面子可以舍弃许多，要面子可以不要肚皮。

没面子当然没趣，但把面子看得太重，却是自己给自己找个包袱背着。而且是下雨背包袱，越背越重。明明没吃饭，朋友问：吃点吗？你却把脑袋摇成了"拨浪鼓"说吃过了，还做出抹嘴巴的样子，煞有介事。明明没吃饱，朋友问，还吃点吗？你却一边忍着一边眼珠滴溜溜地望着菜盘说一声吃饱了。其实喉眼里倒流涎水呢！明明吃完了可以兜着走，小姐问："打包吗？"你却一副大款爷们的样子财大气粗地说：不打了。心里却连叹可惜，暗想给妻儿老小带上一份多够味！

这当然只是说吃的几个爱面子细节，平日里因死要面子活受罪的事还多着呢，一弯腰便可拾一大袋子。

愈要面子愈失面子，你说这要命不要命？

（欧阳斌）

"腾出一只手"给别人

陀思妥耶夫斯基二十多岁时写了一部中篇小说《穷人》，学工程专业的他怯生生地把稿子投给《祖国纪事》。编辑格利罗维奇和涅克拉索夫傍晚时分开始看这篇稿子，他们看了十多页后，打算再看十多页，然后又打算再看十多页，一个人读累了，另一个人接着读，就这样一直到晨光微露；他们再也无法抑制住激动的心情，顾不得休息，找到陀思妥耶夫斯基的住所，扑过去紧紧把他抱住，流出泪来，涅克拉索夫性格孤僻内向，此刻也无法掩饰自己的感情。他们告诉这个年轻人，这部作品是那么出色，让他不要放弃文学创作。之后，涅克拉索夫和格利罗维奇又把《穷人》拿给著名文艺评论家别林斯基看，并叫喊着："新的果戈理出现了。"别林斯基开始不以为然："你以为果戈理会像蘑菇一样长得那么快呀！"但他读完以后也激动得语无伦次，瞪着陌生的年轻人说："你写的是什么，你了解自己吗？"平静下来以后他对陀思妥耶夫斯基说："你会成为一个伟大的作家。"

陀思妥耶夫斯基作出了反应："我一定要无愧于这种赞扬，多么好的人！多么好的人！这是些了不起的人，我要勤奋，努力成为像他们那样高尚而有才华的人！"后来陀思妥耶夫斯基写出了大量优秀的小说，成为俄国十九世纪经典作家，被西方现代派奉为鼻祖。

格利罗维奇、涅克拉索夫、别林斯基因各自的成就赢得人们的尊敬，但同样令人们尊敬的是他们"腾出一只手"托举一个陌生人的行动。而且从最初他们就预料到这个年轻人的光芒将盖过自己，但圣洁的他们连想也没想就伸出了自己的手。

"腾出一只手"给别人肯定会牺牲自己的利益，别林斯基等三位伟大的艺术家虽然后来被陀思妥耶夫斯基抢了光芒，但毕竟因陀氏的成功而使自己的人格举世皆知。生活中更多的"腾出一只手"者则是默默无闻的，因为不是每一个人都能像陀氏那样成为"不再重放的花朵"。然而"腾出一只手"给别人，在于过程，而不在于结果；无论被托举者最后是否平凡，无论能否得到回报，都不影响爱的价值。

"腾出一只手"给卑微者——赞扬他们；"腾出一只手"给狂妄者——规劝他们；"腾出一只手"给忧伤者——安慰他们；"腾出一只手"给绝望者——点拨鼓励他们……"我曾'腾出一只手'给别人"。你能面无愧色地说出这句话吗？

（游宇明）

人生最大的需要是什么?

有这样一个传说:

从前,在迪河河畔住着一个磨坊主,他是英格兰最快活的人。他从早到晚总是忙忙碌碌,生活虽然艰难,但他忘不了每天像云雀一样欢快地歌唱。他乐于助人,他的欢乐带动了整个农场,以至于人们能从很远的地方听到从村子里传出来的欢声笑语。这一带的人遇到烦恼总喜欢以他的愉快方式来调节自己的生活。

这个消息传到国王耳朵里,国王想,一个贫贱的农民怎么会有那么多快乐呢? 他生活贫穷需要财富,他田地贫瘠需要良田,他生活忙碌需要轻松。国王决定拜访这个磨坊主。国王走进磨坊后就听到磨坊主在唱:"我不羡慕任何人,只要我有一把火我就会给别人一点热;我热爱劳动,我有健康的身体和幸福的家庭,我不需要别人的施舍;我要多快活就有多快活。"国王说:"我羡慕你,如果我能像你那样无忧无虑,我愿意和你换个位置。"磨坊主说:"我肯定不换。你只知道需要别人,而从不考虑别人需要你做什么。我自食其力,因为我的妻子需要我照顾,我的孩子需要我关心,我的磨坊需要我经营，我的邻居需要我帮助，我爱他们，他们也很爱我，这使我很快乐。"国王说："你还需要什么？"磨坊主说："我希望别人更多地需要我。"国王说："不要再说了，如果有更多的人像你这样，世界有多么美好啊！"

这是小时候老人们讲的传说。

记得上大学时每逢周末，我们几个舍友经常一起打篮球。每次打篮球我们总会看到一个衣着很朴素的老头，静静地站在场外看我们打球，我们把他当作清洁工，没放在心上。每当我们的球出界时他总会微笑着不用我们说"劳驾"就把球捡起来抛给我们。一次两次七次八次，他一点儿都不感到厌烦，反而捡的次数越多他越高兴。有一次打完球后我们问他需要点什么，我们要请他喝可乐。他笑着说："最大的需要是被需要。我只希望你们给我捡球的机会。只要能为别人做点什么，我心里就感到很高兴，仿佛自己年轻了几岁。"此后，我们每次打球，只要他在场，就会故意让球多出界，以便让他给我们捡球。后来，在报告厅听一次人生价值的讲座时，才发现主讲人就是给我们捡球的老头，他是我们学校的老校长！当时我们心里既感动又愧疚。

人生的道路上最大的需要是什么？两个故事说明了一个道理：不是金钱、地位、美女、香车乃至一切身外之物，而是被需要。这是我们的快乐之源。需要是一种索取，被需要是一种忘我的付出和满足，它使我们在实现社会价值和个人价值的同时，也常常给我们带来意想不到的欢乐。为人处世中，我们尽管大量地给他人以鼓励、帮助、掌声，但那些东西在我们本身是不会因"给予"而减少的，反而我们给别人的越多，自己得到的就越多。许多人被我们铭记在心，就是因为他们奉行了"最大的需要是被需要"这一原则。我们刻意寻求快乐，许多快乐像天上的彩虹，光华夺目，但这只是一种幻觉，只有在生活中我们满足别人或社会的某种需要时它才会显露原形，让我们得到意想不到的收获。

（马国福）

人际纷争　两败俱伤

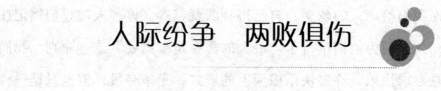

　　最近，在一本杂志上读到的一则故事耐人寻味：在美国加利福尼亚的一个小镇上有一对商友叫加什和迈克。通过拼搏奋斗，加什成为当地小有名气的富豪，迈克对他敬慕不已。然而，有一段时间，加什与迈克因为在经商中发生了一些不愉快的事而彼此心存芥蒂。久而久之，两人的情感发展到了对立。有一次，加什倾其全部的资本谈成了一笔化工原料生意，迈克得知这一消息后立即从中作梗，结果使这宗将决定加什一生荣枯兴衰的生意败北，加什从一个富豪顷刻沦为贫民。

　　通过施展雕虫小技而得胜的迈克为此乐不可支。他想自己终于把一个劲敌斗得落花流水，使其这辈子也难以翻身。

　　十几年后，迈克突然得了一种怪病，发病时四肢僵直，呼吸困难，虽经许多医生诊治均不见疗效。加什在得知迈克的病后，知道自己的一个朋友可以治这种病，然而当他一想起迈克曾经对自己进行过的残酷的伤害时，便愤愤不平。最终，加什终于没去请自己的朋友来给迈克治病，迈克不久便抱病身亡。

在这个故事里，加什和迈克最终谁战胜了谁呢？有人会说，开始是迈克取胜，后来是加什取胜。其实，迈克和加什都是失败者。要是迈克起初不去伤害加什，加什就不会一贫如洗；而要是加什后来能够宽容一些，迈克就不会丢了性命。可惜他们冤冤相报，两人的结局都很悲惨。在我们的生活中，也常常会发生人与人之间的一些磨擦与碰撞，而我们之中的某些人又往往会重蹈加什与迈克的覆辙而最终成为失败者。所以，当我们在人际纷争中使用一些所谓的计谋将对手击败时，其实你没有胜利。而真正的胜利，是你不忘记这样一条做人与处世的原则，即在你与他人发生龃龉时，不要去蓄意伤害人。作为一般的被伤害者，若要成为生活中最终的胜利者，就要能够做到对人宽容、包容和兼容。当然，这是一件不易做到的事情。但你若能记住别人对你的好处，而忘记别人对你的怨处，你就是一个脱俗的人，你就是一个能成大器的人，你就会成为生活的成功者、人际纷争中的胜利者。

（卢仁江）

人生的财富

　　说到人生的财富，许多人最直接的反应就是金钱，以及可能与此相关的地位和权力。"人为财死，鸟为食亡"，这句话庸俗地概括出了从古到今一些人对金钱的孜孜以求。一个有钱有地位的人多半会踌躇满志，而当一个人慨叹自己一无所有时，他很大程度上是在慨叹自己无钱亦无权。人生的财富被定义到了如此狭隘和浅薄的地步，实在让人心上发紧。

　　曾经读过一篇令人回味的文章。在宽敞明亮的候车室里，一个满身疲惫的年轻人在慨叹自己不名一钱，他艳羡身边衣冠楚楚的老人。

　　老人问道："年轻人，给你一万元，让你失去一只手，你愿意吗？"

　　"哦，不，我不愿意。"

　　"那么，五万元，买你的一双眼睛呢？"

　　"不，不愿意。"

　　"十万元，让你失去一双腿怎样？"

　　年轻人摇着头。

　　"好吧，二十万买你的青春，你将不再年轻、不再矫健，但你会拥有金钱，如何?"。

　　"不，我不愿意。"

　　老人笑了："那你抱怨什么呢? 你自己不就是一个百万富翁吗?"

　　说得多好。你年轻、健康、有活力，你就是一个百万富翁。你渴望的金钱买不到青春年华、买不到健康。有钱又如何呢，虽然会有奢侈的享受，但钱能买到房子买不到温暖，能买得到食物买不到胃口，能买得到伴侣买不到爱。

　　也许，人生的财富，其定义绝不仅仅在于金钱名利。自信心、责任心和意志力才是人生的财富。一个相信自己有才能、相信自己会成功的人，他敢作敢为，敢于承认错误、承担责任，为了达到目的，他勇于战胜困难和挫折。这样的人，也许他居无片瓦，也许他三餐不继，但他最终拥有的必将是极为灿烂的人生。

　　1983年6月，美国一所大学曾降半旗两天，沉痛悼念一位叫袁和的中国留学生。一个普通的留学生在异国他乡赢得如此的尊重，是因为她在死亡的威胁下，仍然顽强地坚持学习，只用短短两年时间便获得了硕士学位。她的毅力、她的精神感动了老师、感动了同学，激励了不同肤色的奋斗者。袁和连中学都没有读完，她是靠抄教科书、用别人的借书证借书学习的。就是这样一个连起码的学习条件都不具备的姑娘，却取得了惊人的成绩。袁和的生命是短暂的，从金钱的角度来讲，她也是贫困的，她甚至没来得及享受生命。但她，却拥有人生最宝贵的财富：自强不息。她不但自己拥有，还把这种财富留给了世人。

相形之下，那些视金钱名利为唯一财富的人，牺牲了青春、健康，忽略了亲情，甚至丧伦失德，出卖良心，当他们最终成功时，遗失的却是整个自己！

青春、健康、爱情、良知、美德、学识、智慧和能力，这些才是属于人的最本质的、最深层次的财富，是作为人所应该拥有、也只有人才有机会拥有的财富。至于金钱、地位和权力，只能说是人生附加的财富，牺牲本质的东西去追求附加的东西，岂不是本末倒置，到头来，除了钱什么都没有，人生还有何意义可言？

别抱怨自己一无所有吧，只要你愿意，你就可以实实在在地做一个富翁。

（初　人）

名与利的思辨

人生与名利是一对俏冤家，纠缠不清，剪不断，理还乱。

"不图名利"很长时间以来一直是我们褒奖一个人优秀品质的用语，其寓示着人格的清隽和心灵的卓越。然而，很少有人深思过，这个提法合适吗？符合社会与人生的实际吗？现在时兴打假，打假有种种，我们是不是也应该对"不图名利"之说的真假虚实弄一个清清楚楚明明白白？

其实，图名未必就全然不好，未必就一定境界低下。人生在世，滚滚红尘，大都与名声名分名誉名气之类撕扯不开。儒学中很是讲究名正言顺，认为没有正当的名分，道理讲不通，连事情也做不成了。名要排在事理之前，分量是多么重可想而知。历代忠臣良将、志士仁人，一生奋斗，广树功德，也是为着名垂后世，竹帛可书。《说岳全传》第二十二回中岳母教训岳飞说："待你尽忠报国，名垂青史，吾愿足矣。"看来，人为好名声而奋斗乃是英雄行为，壮志豪情，生之大义，历来是弘扬不已、没人加以贬抑的。为名不该有点理直气壮吗？于谦曾作《石灰吟》说"粉身碎骨浑不怕，要留清白在人间"。这里的清白即指清廉高洁之名，为清名正是他人生追求的最高境界。此名倒是居官者当终生求取的，大可不必谦言什么"不图名利"、羞答答"犹抱琵琶半遮面"。

即使是贪官佞臣也不愿意担个坏名声，乾隆皇帝驾下的中堂大人和珅贪得无厌，可也因刘罗锅送他一个"蜡头"的绰号而耿耿于怀。为何搞腐败的人多从事"地下活动"、"暗中交易"？当然是怕给人察觉后坏了名声。只是纸里包不住火，裂缝的包子终究是要露馅儿的，坏名声也是自作自受而已。至于沽名钓誉之辈，名分只是他们的一块假招牌，用来遮掩其营私舞弊的真面目，这倒是须加防范和揭露的。虚假名目常可蒙蔽善良正直的眼睛。名片上印的头衔最多最密密麻麻的人，你若不提防就可能白白吃了他们的亏。

再说利，古往今来君子不言利，似乎是一条不用广而告之的公众规则。然而，言利有时也是正常的、无妨的。国家的分配原则讲究按劳分配，分配即是利，应得之利，合法之利。领薪水发奖金补贴都是光明正大的利，法律上也明文规定保护公民的合法权益，权益也包括某些利。市场经济能够运行即是利益驱动，没有效益和税利，企业和国家怎么办？国可言利，法可护利，市可营利，民有何不可为生计而求利。所谓不图利实际应指那些非法非理非正当之利如贪污受贿、巧取豪夺、坑蒙拐骗、鼠窃狗偷之利等。凡正当之利求之取之无伤大雅，有时还非智者能者不能为，炒股乃是明打明的求利行为，成与败、得与失都在情理之中。比尔·盖茨个人财产已超过400亿美元没有人说他唯利是图，倒要推崇他为世界首富。

世上诸人，皆是寻常男女，不论居庙堂还是处江湖，不论腰缠万贯还是一无所有，可以说谁也躲不开名与利的诱惑。发大水时，一个富人背一袋金子，一个穷人背一袋干粮，都逃到一座山上。穷人饿了吃干粮，富人饿了要用金子换干粮，穷人不换给他。富人饿死了，金子归了穷人所有。穷人变富人，可他在逃荒途中还是给饿死了。单是这利的诱惑就很难拒绝得了。一个人要紧的是时时把握自我，只求好名和个人应得之利，淡泊处世，随其自然，而不是追名逐利，不择手段，为其所累，衣带渐宽，身心憔悴，以致最后落一个身败名裂。电视剧《黑脸》中姜峰的原型——河北省的一位纪委干部姜瑞峰说得好："现在的人往往爱说一句话，我不图名利。我就不爱听，这话是假的。人的一生不求名必求利；不要利，目的就是为名。大千世界，芸芸众生，谁能躲过名利两字？直言不讳地讲，我就是为名！"一番言语，真乃是君子坦荡荡。

勇者无畏，诚哉斯言。一个干部，一个有生命品位的人，如果为名而生为名而存，为百姓做实事办好事，不贪不占，律己甚严，必定留下好名。人求个好名声，比什么都可贵！利本无止境，何谓多少？北京一位笑星说过，有多少存款未必最终属于你，落一个名声却只能是你自己的。他主张重名轻利。《红楼梦》中那段《好了歌》判断的极是：……世人都晓神仙好，唯有金银忘不了，终朝只恨聚无多，待到多时眼闭了。这也是劝人知足常乐的意思。若像巴尔扎克笔下的老葛朗台那样，垂死之际还本能地伸手去抓牧师手里的银烛台，便真的是为财舍命，无药可医了。而明代清官、病死在任上的监察御史海瑞海大人，逝后家中只有8两金和一些旧衣物，那一世清名亮节岂是某些人满口的漂亮话换得来的？

（郑纯方）

难以洒脱

据说时装的潮流是一年一换，但洒脱作为欣赏人的标准之一，多年来却盛行不衰。某日与朋友神聊，朋友一时也讲不清什么是洒脱，便列举了最能表现洒脱的两句话：一曰不计较成败得失；一曰只在乎曾经拥有，不在乎天长地久。捎带着还有拿得起放得下，不为别人活着，如此等等。

以此尺度衡量，发现自己样样都不洒脱。

我在乎成败得失，我不习惯置自己的努力和价值于等闲；我对自己热爱的事物倾注心血，便不会漠视它的成功，若失败了我会痛苦会内疚会惭愧；我毫不怀疑不计较成败得失会成为一些人逃避失败最轻巧的借口，我相信什么都不在乎的人要么是假装的要么是心已经死了。

我在乎曾经拥有，也在乎天长地久。曾经拥有使我热爱生命，天长地久使我充实和幸福。这世界太多变幻，得到的太容易失去，我不会在失去时手足无措，但我更愿意用我的柔情我的心智维护我的拥有，我一定留心不要失去它。

我不放纵自己喝醉酒，因为我在乎自己的形象；我不敢随心所欲地把钱花光，因为我是工薪阶层的一分子，我没脸向父母伸手；有时候我拿得起却放不下，因为我认真地挚爱过并仇恨过。

真想问问，这世上，这拥挤的都市里，这忙碌得没有表情的人群中，又有谁真洒脱了？总有许多东西，限制着困扰着我们的思想、意志和情感：为尽孝道我们有时要做着违心的事，为强求爱的完美我们有时自私地按自己的理想塑造恋人，为孩子有的夫妻形同陌路却不能分手，为房子为晋升我们争得头破血流……而那些轻飘飘的东西：玩世不恭、目空一切、借酒消愁甚至粗言滥语，就叫做洒脱吗？

一位离了婚的朋友，分手前他把自己的那份积蓄装修了房子，然后把房子里的一切都留给了前妻，自己用剩下的钱买了背囊、睡袋去流浪，这是洒脱。

还有一位酷爱摄影的诗人，一直不得志，为了他的诗他的胶卷，他丢了妻丢了公职，有时连方便面都买不起，心中痛苦得直滴血，但他仍不悔，四海为家的打工生涯使他更加坚定、执著。他不随便向人抛洒自己的苦难，只是固执地相信明天，他总是使和他在一起的朋友快快活活，这也是洒脱。

瞿秋白吟唱着《国际歌》，在青山绿水芳草萋萋的景色中，席地而坐，面对狰狞的枪口，从容道来："此地甚好！"这种超脱生死、把归处当来处的境界，才是真洒脱啊。

于是明白，洒脱不是没肝没肺什么都不在乎，不是大碗喝酒开口骂娘专干出格的事，不是看轻别人放纵自己漠视这个世界。洒脱是一种智慧，一种境界，一种博大和练达，一种建立在良好的气质、风度和分寸上的处世态度和风格。

（花雨季）

一路同行

　　同类的哺乳动物，只是在发情求偶和争夺食物时，才会发生冲突。而在人类社会中，冲突变得经常化与普遍化，而且漫无节制。有时候有理由，有时候无理由，都会吹胡子瞪眼睛，甚至大动干戈。

　　假如一平方公里范围之内，只有你一个人，寂寞的你，对另一平方公里范围之内的另一个人，会感到非常亲切。假如每一平方米里，都有一个人，甚至几个人的话，你对周围的这些陌生面孔，就再不会产生那种亲切的感情了。正如我们上班时挤公共汽车一样，你不可能对挤得你喘不过来气的乘客，抱有多大好感的，除非那是一位非常漂亮的小姐。这种由于人多而造成的挤塞、纷扰、侵逼、躁乱、攘争、不宁、烦杂，是人与人产生冲突的基本原因。

　　因此，我们生活在其中的这个社会，某种程度上就类似一辆公共汽车，这是没有办法的事情。既然命中注定必须一路同行，是幸运，也是缘分。那么，我想，如果做到以下几条"乘车"中的注意事项，也许就会化解许多无谓的纠纷，无聊的矛盾，无意义的嫌隙，无价值的争论。

一要学会微笑，始终对人保持一种善意。不要板着面孔，不要总去教训别人。

二要学会说"谢谢！"哪怕对自己是顶小顶小的一点物质或精神上的关爱，也要至诚地把谢意表达出来。

三要学会冷静，凡事退一步想。尤其在感情冲动的时候，立刻尝试深呼吸，并把语调降低，语速减慢，使脉搏稳定下来，替对手设身处地想一下，又何妨？

四要学会赏识别人，即使是微不足道的比你棒的地方，也要指出来。我想，对方会对你的好评，作出积极的回应，而发现了自己的不如人处，进步不也就随之而来了嘛！

五要学会倾听，别插嘴，别打断，要耐心让别人把话说完。

这样，虽然"车厢"里仍旧很拥挤，但大家抱着豁达自然的心态，一定会是一段相处得比较愉快惬意的旅程。

应该说，希望达到完美的境界，希望做到完善的地步，是大家共同抱有的理想，如果没有了这个尽善尽美的终极目标，这辆车也就没有必要再往前开行了。因此，要学会适应这辆公交车的现实状况，也许是最重要的一条乘车规则。要懂得完美也好，完善也好，都是一个渐进的，积累的过程，因此，别一下子要求得到太多，中国人有句常挂在嘴边的话，"知足常乐"，还是很有道理的。

（李国文）

节制自己的欲望

　　所谓欲望，是指想得到某种东西或达到某种目的的要求。人的欲望是禁不了、灭不掉的，面对五彩缤纷的大千世界，只要是食人间烟火的凡夫俗子，都会自然而然地产生各种各样的欲望和需求。

　　有欲望并非坏事，在一定意义上，它是一种推动社会发展和进步的动力。但欲望应当合乎情理，必须适可而止。如果不加节制，让自己的欲望肆虐和泛滥，甚至为满足私欲而不择手段，就会欲壑难填，最终成为千古罪人。古往今来，这样的例子举不胜举。从清朝富可敌国的贪吏和珅，到共和国最大的贪官王宝森；从建国初期大肆侵吞公款被处以极刑的刘青山、张子善，到前一段时间因以权谋私被绳之以党纪国法的原日照市委书记王树文，无一不是因为贪欲无度而被钉在了历史的耻辱柱上。贪欲，是一切罪恶的根源。贪钱财、贪权力、贪女色、贪享乐……一个"贪"字，写尽了人世间的肮脏与丑恶。

　　"人心不足蛇吞象"，如不加节制，欲望就会无止境地扩张。明朝宋载埈曾经写过一首《十不足》的散曲，生动形象地描绘了有些人贪得无厌的心态："终日奔忙只为饥，才得有食又思衣；置下绫罗身上穿，抬头又嫌房屋低；盖下高楼并大厦，床前缺少美娇妻；娇妻美妾都娶下，又虑出门没马骑；将钱买下高头马，马前马后少跟随；家人招下十数个，有钱没势被人欺；一铨铨到知县位，又说官小势位卑；一攀攀到阁老位，每日思慕做皇帝；一日南面坐天下，又想神仙下象棋；洞宾与他把棋下，又问哪是上天梯？上天梯子刚放下，阎王发牌鬼来催；若非此人大限到，上到天上还嫌低。"这首曲子虽然有些夸张，但仔细想想，在现实生活中有类似心态的人却委实不少。有的人住在平房盼楼房，一旦住上了楼房又想豪华的海滨别墅；有的人坐着"皇冠"想"卡迪拉克"，有朝一日坐上了"卡迪拉克"，又想买私人飞机、豪华游艇……如此这般，这个欲望实现了，另一个欲望又开始恶性膨胀。如果一个欲望没满足，就一天到晚心如汤煮，想方设法去捞、去骗，疯狂地攫取。岂不知，贪欲无边，但法律有界，"如不知足，则失所欲"。得寸进尺，得陇望蜀，迟早会被欲望的洪水所淹没，坠入罪恶的深渊。

古人说："祸莫大于多贪，富莫富于知足。"此话颇有哲理。我们不是禁欲主义者，允许有正当的物质利益、正常的个人欲望，但必须把握住"度"。这个"度"就是要"知足"，不能这山望着那山高，过分追求奢华享受。当然，我们说的要"知足"，并非麻木不仁、反应迟钝，也不是无为而治、与世无争，更不是故作矫情、装模作样，而是不被物欲所累，不让欲望迷住双眼和心窍，使自己的良知在喧嚣的尘世中，保持一份清新和宁静，不为了满足个人私欲而去投机取巧，不为了获取个人私利而去违法乱纪，始终保持一种愉悦恬然、健康平和的心态。

（施志根）

没钱别没志

说句心里话，看别人挣大把大把的钞票，我确实是"眉毛上失火——红了眼"。

在学校读书的日子无忧无虑，吃喝有父母操心，穿戴有姐姐参谋，既不用操心生计，也没有经济危机，过惯了公主般的生活。可是参加工作后就不一样了，我在企业工会工作，事情不多，钱也少，每月仅有两百多元，除去服装、化装品、早餐费，囊中所剩寥寥无几。大凡公司里的红白喜事、同学朋友的应酬，能逃则逃，能躲就躲，其状甚惨，其情可悯。此时，真正感到了钱的重要。

一直叹服我的那帮同学，他们用和我一样多的时间，赚取了比我多得多的钱。有时同学聚会，谈及收人问题，有的给公司跑业务，月收入保守数目也有四位数；有的自己做生意忙得团团转，但整沓整沓的票子数得眉开眼笑；有的在党政机关工作，每月有四五百元的固定收入，日子过得洒脱……问到我时，我惶恐至极，狼狈至极，只好给他们来个模糊数字，敷衍过去。

尽管大部分时间囊中羞涩，但却看惯了有钱人的潇洒：在精品柜内，一条普通的西裤150元、一块手帕100元、一根腰带500元……据某商城的服装部主任说，开业时470元一套的女睡衣，进20套一个月售光，只要标榜为名牌，就有款爷、款姐来买。一位身高1.80米的男士手持"大哥大"，来买鸵鸟皮鞋，挑了一双43号的，穿在脚上感到有点紧，但得知再无大号时，男士随手从衣兜里取出一叠面值100元的钞票，几个佩有金戒指的手指熟练一捻，钞票扑克牌般的成为一面扇形（这双皮鞋足够我大半年工资收入了），就这么凑合着穿走了。我们这帮靠工资吃饭的女孩，每每总是半个月就把一个月的工资花个精光，余下的时间总是睁大眼睛，漫想着有钱的自由自在、无忧无虑；总是幻想着有一天穿名牌、吃西餐、遍访名山大川、住进星级酒店，也算不白活一回。让操劳一生仍然"面朝黄土背朝天"的父母不再累不再苦；让名著摆满书橱；让低微变得高贵……于是搜肠刮肚，绞尽脑汁，寻思如何赚钱。心中如此折腾一番，不仅想不出挣钱的高招，反倒弄得心神不宁。后来，赚钱的愿望忽然消失了，那是源于看到一些傲气十足、浅薄无聊、纸醉金迷的富豪们，被众多正直善良的平民百姓戳脊梁喷唾沫，猛然间觉得自己实在没有必要为了钱少而如此自惭形秽，沉湎失志。

活着还是单纯些质朴些好。如果有机会挣到钱，我不会拒绝，如果没有机会挣到钱，那就从精神上、人性上使自己更完美一些，况且精神的富有远比物质的富有更有魅力。

人是需要一点精神的，挖空心思地想钱、捞钱，一点精神追求都没有，有一天或许能赚到大把的钞票，可是精神空虚、百无聊赖，那种生活还有什么意思？到头来，可能有了钱也守不住。

有钱也要有充实的精神生活。

没钱也别丧了志！

（姜李萍）

大奖成灾

　　法庭上，大人们忙于唇枪舌剑，提出各自的主张，而三个男孩时而惊恐地看看身边大声讲话的大人，时而将头埋得很低显得胆怯而不安。这三个14岁的男孩从小一起长大，是最要好的朋友，然而，由于一次买彩票中大奖，进而引发大人们对大奖的争夺，被各自的家长作为当事人带上法庭。一次意外的好运，给三个好朋友带来的却是一场灾难。

　　何星、何平和周涛均为云南省玉溪市江川县某中学初中一年级的学生，从小学到初中一直是同班同学，平时关系最好，在一起玩时都将各自身上的钱归在一起，由周涛统一支配。一天，三人一起经过一家小店时，被店门口醒目的抽奖广告牌吸引住了。这是一家即开型刮刮乐体育彩票代售点，店里不时传来有人刮到奖后的兴奋叫声。

　　三人看得心痒痒的，决定也试试运气。周涛数了数，他们还剩下13元，留下2元作为回家的路费，将剩下的11元钱全拿出来。彩票是3元一注，可以摸3张（还剩2元）。于是，三个人在彩票盘子里挑选了一会，每人选了一张。刮开一看，只有周涛的彩票中了8元。

周涛一脸兴奋地说："我手里还有2元，加上中的8元，要不咱们买一注10块钱的吧?""买嘛!你手气这么好，一定还能中!"何干、何星立刻附和。随后，周涛和两个小伙伴又一起仔细挑选，选中一张表面印有红宝石的彩票，刮开一看，中奖10元。

"没输，刚保本!"周涛犹豫了一下，两个小伙伴兴奋地喊着："你运气真好，再买一注!"在两个小伙伴的怂恿下，周涛决定再买一张。三双手又开始在彩票盘里摸来摸去，拿起来又放下。最终，他们一致挑选了一张印有绿翡翠的彩票。何平心急，拿到彩票匆匆刮开，待中奖数额逐渐显现出来时，三个人几乎同时惊叫起来，他们不敢相信自己的眼睛，因为彩票上竟赫然标着中奖25万元!

卖彩票的李星丽确认孩子们手中的彩票中了大奖，问清了三个孩子的姓名、家庭住址和就读的学校，怕他们路上把彩票丢失了，拿起店里的电话让他们通知家长。因为周涛父亲周顺友有摩托车，所以几个孩子商量后决定，先打电话给周顺友，顺便把他们都带回去。不一会儿，周顺友兴冲冲地骑着摩托车赶来，接过彩票，带走了三个孩子。回到家，周顺友立即冷着脸，劈头盖脸地对何星、何平说："你们俩给我听着，今天中奖的钱是我家周涛的，跟你们没有关系，你们不要乱说今天的事!"两个小孩吓得点头保证不告诉任何人，周顺友这才让他们回家。

虽然两个小孩没敢告诉家长，但他们的父母还是很快知道了买彩票中奖的事。两人的家长当即一起前往周家，要求分割这笔大奖。

"钱是我们家出的，彩票是我儿子刮出来的，特别是中奖的这张彩票，完全是用我们家周涛中的奖金买的，凭什么要分给你们？"周涛的父母一口回绝。

接着，周顺友夫妇悄悄赶到云南省体彩中心，拿出中奖彩票，兑换了20万元现金（交了5万元税）。之后，他们立刻将钱存入当地的一家银行。此事很快在镇里传开了。看到周涛走在街上，一些人在背后嘲笑着："看，这就是那个守财奴的儿子，小守财奴！"周涛受不了这种议论，他哭着跑回家，哭求父亲："爸爸，能不能给小星、小平他们两家也分点，大家都叫我'守财奴'，谁都不跟我玩了！"

何星、何平的日子也不好过，两家的父母嫌他们傻：为什么当时不给家里打电话？为什么不找机会回家？为什么不让周涛写个字据，证明彩票是你们三个人买的？一连串的"为什么"，让两个孩子不知所措，他们承受不了这种压力，只好将怨气撒在周涛的身上，觉得他不仗义。一时间，周涛成了众人眼里"见钱眼开"的坏孩子。

何星和何平的父母见周家不愿分钱，以各自的儿子为原告，将周涛及其父母告上玉溪市江川县人民法院，指控他们私吞彩票奖金，认为购买彩票的资金，系三个孩子共同出资，且购买彩票的行为是三方共同所为，所得奖金理应为三人共同享有、平均分配，请求法院依法判定被告人周涛及其父母支付两原告彩票奖金133333.33元（各66666.66元），并承担本案的全部诉讼费用。

接到法院的传票，周涛吓哭了，哀求父亲："爸爸，你就分点钱出来吧。我才14岁，什么坏事也没做，就当了'被告'，以后我还怎么做人哪？""小孩子懂什么！有了钱你还怕什么？"周顺友呵斥道。他和妻子商量后，决定聘请律师应战。何星和何平听父母说自己到时也要上法庭，也可怜兮兮地哀求父母："不要闹到法庭上去！"但他们的哀求根本不管用，因为他们是当事人，父母必须以他们的名义才能起诉，争取他们应该得到的奖金。法庭上，三个好朋友的家长唇枪舌剑，谁也说服不了谁。而无辜的他们，被当成当事人坐在原告和被告席上，满眼惊惧。

2009年9月2日，云南省江川县人民法院对这起彩票奖金纠纷作出一审判决：由周涛的家人支付给何星、何平各40000元。周涛的父母不服，向云南玉溪市中级人民法院提起上诉。目前二审尚未开庭。

我们认为，此案法庭最终判决如何并不重要，而大人们在孩子面前的表现并给孩子造成的伤害却发人深省。客观地讲，面对这意外飞来的财富，要求孩子们的家长丝毫不动心恐怕也不可能，但他们是否做到了眼里有钱、心中也有孩子呢？如果因为这20万元飞来之财，毁了孩子们眼中的信用和友情，将他们原本清洁、稚嫩的心划得满是伤痕，在他们正处于人格成长的阶段，硬生生地施加上金钱的魔影，甚至误了孩子美好的前程，岂非得不偿失？作为家长，不求有多高的道德标准，起码应该符合常理、人情，给孩子们做出榜样。遗憾的是，几位家长在孩子面前对金钱赤裸裸的争夺，已经在做人上先输了！

（滇　剑）

我们为什么死不认错

　　不知从什么时候开始，认错这事，越来越难了。而且，越是地位高、名气大、粉丝多，就越难。要么矢口否认，要么倒打一耙，要么把水搅混，甚至把质疑他的人统统说成是"文化杀手"。痛痛快快说声"对不起，我错了"的，几乎没有。

　　于是国人感叹：这究竟是怎么了？

　　感慨也很自然。因为我们的文化传统，似乎很鼓励认错。谁不知道"君子之过也，如日月之食（蚀）焉"？但不知是否有人想过，这其实要有资格。资格，就是"君子"。改正错误，当然都崇敬他。如果是"小人"，犯了错误，有可能"人皆见之"吗？不可能。改正错误，有可能"人皆仰之"吗？更不可能。认错，是不是要有资格？

　　秦汉以后，皇帝以外，包括官员，所有人都没资格认错，只能"认罪伏法"。甚至没有罪，也要声称有罪，比如上奏时口称"诚惶诚恐，死罪死罪"。无罪而称死罪，哪有真实可言？不过是一种"姿态"。真正的错误，也就不会有人去认。结果，认罪也好，认错也好，便都变成了"表演"。

事实上，任何事情都有两面性。批判自己固然是自我救赎的途径，逼人检讨也是搞垮别人的手段。因为一旦检讨，承认错误，就意味着"有了污点"，在气势上就"落了下风"。就算这会儿不整你，把柄却落到别人手里了，随时随地都可以翻出来，老账新账一起算。我们毕竟不是皇帝，谁都担不起这风险。

不会认错，也就不会道歉。

不会认错，也就不会批评，甚至不会提问。比方说，开口就问人家的动机，甚至预设一个"道德污名"，问人家是不是。同样，要为自己或自己人辩护，也是拿对方的动机做文章。其实动机这事，往往无法证明。既不能证实，也不能证伪，毫无意义。有分量的批评，都是摆事实、讲道理，或者看事实有没有出入，或者看逻辑有没有漏洞，然后"以子之矛，攻子之盾"。可惜，这种方法，我们常常不会。

那么，我们何时才能学会认错？恐怕任重而道远。别的不说，面子这关，就多半过不去。中国人的心理很奇怪。一方面，大家都知道"瓜无滚圆，人无十全"；另一方面，又往往不能容忍别人出错，更不能容忍别人挑错。在我们看来，犯错误是丢人的。犯了错误又被"揪出来"，就更丢人。

因此，不但自己不能认账，粉丝拥趸们也要一哄而上，百般抵赖，誓死捍卫。哪怕说得漏洞百出、逻辑不通，也得死扛着。死扛着也振振有词：对社会名流和成功人士的追究，会导致斯文扫地、体面无存，打击我们民族的自信心。

　　这可真是奇谈怪论！难道我们民族的脸面是纸糊的，一捅就破？难道我们民族的自信是塑料的，一烤就化？真金不怕火炼，事实就是事实。认不认，事实都不会变。不认，只能显得心虚；认账，则至少像条汉子。比较一下，哪个更体面，哪个更丢人？

　　　　　　　　　　　　　　　　　　　　　　　（易中天）

左思的花样痛与伤

有时候，我们活着活着，就会昏了头。

左思就昏过头。讲他的故事，还得从另一个人物潘岳说起。

潘岳，即潘安，西晋时期文学家。他有一个更为响当当的名号——史上最美的男人。传说他的美艳，具有惊人的杀伤力。《世说新语》记载："潘岳妙有姿容，好神情。少时挟弹出洛阳道，妇人遇者，莫不连手共萦之。"什么意思呢？就是说潘岳相貌出众，神采仪态优雅，远近闻名。年轻的时候，他挟着牛皮弹弓，气质清雅地走在洛阳道上，妇女们见到他，都手挽着手，围在他的身边看，不让他走。可以想见，潘岳的美貌，惊扰了多少女子的芳心。用现在的话说，潘岳在京都洛阳城，粉丝如云。或许，左思被这种美女簇拥的丽景迷了心窍、动了心魄，于是，他决计效仿潘岳，也在洛阳道上秀一把，制造一点儿艳遇故事。《世说新语》记载了他的这个冲动："思貌丑悴，不持仪饰。亦复效岳游邀，于是群妪齐共乱唾之，委顿而返。"意思是说，相貌奇丑的左思，没有作任何的妆饰打扮，也学着像潘安一样，挟着牛皮弹弓，故作潇洒深沉地走在洛阳道上。结果，一群妇女围着他，朝他啐口水，吐唾沫，他垂头丧气，只好狼狈地回来。

看完故事，我们不禁哑然失笑，觉得左思真是昏了头。你说，一个姿容丑陋的人，有幻想是可以理解的，却非要进行一场关于艳遇的激情豪赌，大败而归不说，最后还落得个被人嘲笑的下场。然而，就是这个左思，却也是个风云人物，他不仅是西晋著名的文学家，而且还写出过与班固的《两都赋》、张衡的《二京赋》齐名的《三都赋》。据《晋书》记载，他的《三都赋》刚一问世，洛阳的富贵人家就竞相传抄，一时间洛阳纸贵。其实，左思大可不必这样。凭借自我的才情，他完全可以拥有自己的文学粉丝团。而且，内在的才情比外表的漂亮更具杀伤力。可是，他却剑走偏锋，抛开自我的优势，去追逐人生肥皂泡上转瞬即逝的虚幻魅影。

我们有时候活得也和左思一样。本来，手头已有的足以让自己幸福，却不去安享，一心奔赴在追逐的路上：钱本来够花了，还要不惜牺牲身体甚至出卖灵魂去追逐更多；位置本来够合适，仍要耍阴谋玩手段甚至铤而走险，去追逐更高更大的权力；平凡本来够快乐，却为了应景的荣誉，去追逐比烟花还短暂的名声；婚姻本来够美满，却按捺不住荡动的心魄，去追逐花花世界的美丽与哀愁……

是的，我们本来可以幸福着，是欲望让不安分的心变得疯狂。看起来，我们好像奔赴在更大幸福的路上，实际上，幸福早已破碎在心底，一片一片，零落成黯淡的痛与伤。

（马　德）

膨胀的优点

　　我高中时有个同学叫汪鹏，刚上高三那年，成绩在全班中等偏上，考上一所普通大学应该不成问题。有一次上数学课，老师在黑板上出了一道题，扫视大家后问，谁能做出来？同学们面面相觑，生怕喊到自己，就连成绩最好的同学都如鸵鸟般把头深埋下去。这时，只听见有人高喊一声"我来"，大家惊奇地抬头，原来是汪鹏。只见他精神抖擞地走上讲台，奋笔疾书，顷刻挥就。老师先是猛眨眼，而后激动地在黑板上划了一个夸张的"V"，吐沫横飞地说："你们知道吗，这题正是去年高考的压轴题，我拿出来并没指望谁会做，只是想让你们知道高考最难的题是什么样，真没想到汪鹏同学会做。

　　此事飞快传到班主任耳朵里，班主任大为惊叹，班会的时候，又把汪鹏拿出来隆重表扬一番，并说："大家要以汪鹏为榜样，不要遇见难题就发怵、绕道走，要发扬刻苦钻研的精神，争取每个人的成绩都能有质的飞跃。"其实，汪鹏私下里和我聊过，那道压轴题他碰巧之前看过，运气而已。但是，班主任的褒扬让他没齿难忘，他下定决心不负所望，从此把攻克难题当成了唯一的爱好。课间的时候，别人聊天的聊天、打闹的打闹，只有他，任凭周围风吹浪打，依旧岿然不动地啃着那些令人生畏的难题、怪题。

渐渐地，他成了班上的"难题专家"，有时老师讲解辅导书上最复杂的题目，干脆让汪鹏上来代劳，他坐到一旁笑眯眯地看。汪鹏果然战必胜、攻必克，一次次地为大家表演现实版的"神话"。

那年高考，他落榜了。班主任安慰他，复读一年，准能考上重点大学。

第二年，他依然名落孙山。

后来，我遇到过班主任，提到了汪鹏。班主任惋惜地说："他不怕难、能钻研我是肯定过的，但我也劝过他，不可一味地只攻难题而忽略其他，遗憾地是他仿佛走火入魔一般，钻到牛角尖里去了，普通的题目根本不屑一顾，只有别人放弃的才有兴趣……"

汪鹏的落魄让我想起了另一个春风得意的年轻人，两人的经历有异曲同工之处。那是我上大二时，系里竞选学生会主席，选举揭晓，金雷高票当选。金雷没有让选民失望，他果决干练，一点点兑现了选举时的承诺，威望渐隆，又一举当选为校学生会主席。校园里，时常看见他指点江山，可谓风云一时。

这样一个人，必然前途无量。据同乡说，金雷毕业后，到了一家大公司工作，因为能力出众、胆识过人，颇受老总赏识，什么难谈的项目让他去谈，很快就搞定了，什么复杂的局面让他去应付，很快就理顺了。金雷在公司越发如鱼得水，六年内连升三级，成了公司最年轻的销售主管。在公司，金雷一人之下、众人之上，备受尊崇。在他直管的部门，他更是一言九鼎、说一不二，员工见了他说话都打哆嗦。我正听得入神，不料同乡话锋一转："只可惜，他这种天生的领导力让他变得独断专行、唯我独尊，听不进任何不同声音，后来犯了大错，被炒了鱿鱼，还差点进了监狱。"

　　我一下子无话可说。无疑，汪鹏和金雷身上都有令人称道的优点，这种优点也曾令他们脱颖而出。然而，即使是优点，也讲究恰到好处，切不可过分膨胀无限扩大，否则执著可能变成"死心眼"，钻研可能变成"钻牛角尖"，魄力也可能转变为专横霸道，最后"嘭"的一声把原本的美好炸得灰飞烟灭。

（朱　晖）

嫉妒之害

一个农夫有一只羊，邻居有两只羊，他不想如何再买一只羊，却每天都在设计如何杀死一只邻居的羊。可见嫉妒的危害。

嫉妒是一种负面情绪，是指自己的才能、名誉、地位或境遇被他人超越，所产生的一种由不悦、不服、怨恨、自惭、羞愧、愤怒等组成的情绪体验，是以"我"为中心的卑劣猥琐心理。《楚辞·离骚》云：世混浊而不分兮，好蔽美而嫉妒。其实，确切地讲，嫉和妒并不是一码事，《离骚》中也指出：害贤为嫉，害色为妒。这个"害"有点像害羞、害臊、害病。推之，嫉，即妒忌、憎恨，就是害贤，红眼病也；妒，即嫉妒、妒忌，就是害色，吃"醋"也。

嫉妒是一种灵魂疾病。归类症状有两例：

一类是害贤者。"体质"极端虚弱，器小自私、嫉贤妒能，终日盼望别人倒霉，恼人之才、厌人之富、忌人之德、蔽人之功。害贤者的通病是不在自己所拥有的东西里寻找乐趣，而在他人的幸福中获得痛苦。其症状是：听到别人获得荣誉就窝火，感到别人人缘好就不自在，知道别人升官发财就生气，看到比自己强的人、积极上进的人和有成就的人就眼红得要滴血，恨别人超过了自己，别人的成功比自己的失败还痛心。这种痛心来自心灵的深处，比肉体疼痛有过之而无不及。

当哥伦布把美洲黄金土地从大海里捞出来时，一束束嫉妒的目光凝聚成一条铁链把他捆回了西班牙。秦国丞相李斯，因嫉妒同学韩非的治国之略，向秦王进谗言而致韩非死在狱中。魏国大将庞涓，因嫉妒孙膑的用兵智谋而在魏惠王面前诋毁他，并捏造罪名，施以膑刑，剔掉孙膑的膝盖骨，令其终身残废。靳尚屡进谗言，终使屈原放逐，殉志汨罗。东吴都督周瑜嫉恶蜀相诸葛孔明，而孔明只用"三气"就把个都督大人气得箭疮复裂，吐血而亡，临死前还连叫数声"既生瑜，何生亮"。

二类是害色者。心灵缺乏自信，量狭独占、仇美薄才，终日想人非非疑神疑鬼，凡是比自己漂亮洒脱的人都是他贬低的对象，别人的漂亮比自己的丑陋还难堪。自古红颜多招妒，有的美人得不到宠爱，往往与妒有关。

《女仙外史》上说：男子而妒，则天下有才者皆罹其毒；女子而妒，则天下有色者皆遭其陷。吕后将刘邦宠爱的戚姬剁四肢、剜双眼、灌哑药，抛在猪圈里，称之为"人彘"。刘伯玉曾称赞曹植所写《洛神赋》中的洛神十分美丽，段氏那张漂亮的小脸妒恨得扭曲了，说：君何得以水神美而轻我？我死，何愁不为水神？乃投水而死。后人把段氏投水的渡口称为"妒妇津"，传说俊男靓女和打扮得光鲜亮丽的人要过此渡口，段氏必然妒恨交加得风浪大作。只有那些长像平平和丑陋的人过此渡口，才风平浪静。

有嫉妒心理的人往往虚荣心和自卑感都很强。这种人，往往以嫉妒开始，以害人又害己而告终。所以，《苟子·大略》上说：士有妒友，则贤交不亲；君有妒臣，则贤人不至。真正爱自己爱事业的人，真正宽宏大量的人，真正自我激励和拼搏竞争的人，是无暇嫉妒别人的。

（宋守文）

景观与观景

　　伊瓜苏瀑布位于巴西与阿根廷交界处，是闻名世界的一大景观。长期以来，两国为此景观的归属问题纷争不断。在国际社会的斡旋下，经过拉锯式谈判，最终巴西作出了让步，将最壮观的一段瀑布划归阿根廷所有。

　　然而，来自世界各地的游客，却纷纷进入巴西一方。为什么？因为最佳的观景位置在巴西那边。因而，巴西的旅游收入大大高于阿根廷。而阿根廷为维护和管理景观，每年却要投入大笔资金。

　　原来，景观与观景是两个概念，最佳景观与观景佳位截然不同。可见，退一步，未必是失去。有时，退一步，风景无限！

（武宝生）

凋谢在西湖里的生命

2011年6月29日，傍晚的西湖泛着微光，恬静而优美。但对小辛（化名）来说，这优美的景色无异于恐怖的死亡召唤。

小辛从小学习成绩突出，本是浙江一所大学计算机科学与技术专业的一名优秀毕业生。因为学业优秀，大学期间小辛还被学校作为交换生去日本学习计算机。此时，小辛已经获得了美国一所大学PhD（学术型博士，是全世界公认的学历架构中最高级的学衔）的全额奖学金。读博士的5年间，他每月还可以领到2000至3000美元的补助奖学金。如此美好的前景，令小辛十分高兴。他打算先去北京一家公司实习，然后等开学时再到美国攻读博士。一切都显得有条不紊，理想按照自己的规划在腾飞；未来，更是将以一个精彩的姿态来迎接自己。

毕业前夕，小辛在看到一位校友以纵身跳进湖里的姿势来拍照留念后，大受启发。他觉得这个学长真是太酷了，这样的毕业照不仅新颖，而且大胆、刺激，有着强烈的视觉冲击力。于是，小辛便决定在离开杭州之前，一定也要拍一组跳湖的疯狂毕业照。

于是，小辛找到喜欢摄影的好友小李，恳求他为自己拍下爬树跳西湖的全过程，然后再制作一组疯狂的毕业照。由于小李当天已有别的安排，就没有答应小辛的请求。到了晚上，小辛在人人网个人主页上陆续发布了两条消息。一条说：一没爬树，二没跳湖，毕业季真失败；另一条则说：多征几个人，一起跳西湖。

　　第二天下午，不甘心的小辛又找到小李，真心希望好友帮自己拍一组疯狂的毕业照。在小辛的苦苦恳求下，小李不好意思推辞，只好答应了小辛的要求。得到小李的首肯后，激动的小辛又跑到人人网个人主页上发布了一条消息，这也是他生命中的最后一条留言："看学士服照没什么意思，就不传了。各位等我跳西湖的照片吧。"

　　第二天出门拍照前，小辛还让小李陪他去学校的代售点买了6月30日上午去北京的火车票。他打算拍完跳西湖的毕业照后，就起程去北京的一家公司实习。没想到，冲动的魔鬼早已附在了小辛身上。6月29日下午5点20分，兴奋的小辛来到北山路西泠桥旁，待把手机、钱包都掏出来放在湖边后，就脱掉了鞋子，爬到西湖边的树上纵身一跃跳入了西湖，并往对岸的孤山公园荷花池游去。岸上的小李则找到最佳位置，拿出相机不停地按下快门，帮小辛拍跳湖的毕业照。而周围的游客则很惊讶，不明白他们在干什么。

　　一开始，小辛的水性不错，一会儿就游到了湖中心。但紧接着他的身体便一上一下浮动，一分钟之后，小辛大叫一声，突然沉到了水下，再也没有游上来。

（薛臣艺）

不必事事与己有关

　　与朋友友一起聊到了相声新秀贾玲、白凯南，便不约而同地模仿起了他们在春晚上的那句经典台词："真的吗，这是真的吗，但这和我又有什么关系呢？"欢笑过后，不由得想起了去年那次毕业十年的同学聚会。

　　昔日曾一起寒窗苦读、朝夕相伴的同学偶然相会，自是激动不已。一阵寒暄过后，话题自然转到了当下的下作生活中。当年那个调皮捣蛋的光头小黑，如今做生意发了财，开上了大奔：当年的班级状元小不点儿，如今已当上了交通局副局长，派头十足；当年的丑小鸭阿丽，如今成了富婆儿，提着小包，说话嗲声嗲气，在人群中花枝乱颤……

　　这话怎么说呢，真是十年不见，当刮目相看哪！但热闹的推杯换盏间，分明已见几位混得不太光鲜的同学，面带惭色地躲在了酒宴一角，自然组成一个小圈，戚戚地听着别人高谈阔沦，默默地咽着自己的闷酒，这其中也包括我。看着曾经还不如自己的同学，入仕途大权在握的有，发大财光彩照人的有，派头十足美女相伴的有，就连那个成绩老是倒数的也转业成了干部。

曲终人散，各归各路。细细一想，这各有各的活法儿，各有各的幸福，何必做这些无谓的对比，给自己凭添烦恼呢？自己虽无香车美女，却有妻儿相伴，踏实心安；自己虽无权势金钱，但可静守一隅，启智养心。平凡往复中，自有生活的真谛与乐趣可资把味，这何尝不是一种幸福？别人的一切，和我又有什么关系呢？

然而，人总是有着过多的不由自主、心不由控，将各种本来没有关系的人和事，硬和自己扯上关系，让平静的生活骤起波澜，乱了节奏。

结婚纪念日那天，基于不太宽裕的经济实力，本来已和妻子商量好简单祝贺一下，炒几个小菜，互赠个小礼物就好。可偏偏在晚餐前，妻子接了个婚前闺密的电话，了解到人家结婚纪念日的浪漫与气派。许是受了刺激，妻子放下电话就数落起我来，说人家双飞旅游、大肆购物，买了钻戒买金链，买了衣服买皮包，而我年年是寒酸、抠门，没情没调。本来温馨的结婚纪念晚餐，却因一个电话搅了局。其实这也没什么大不了，人家有人家的大浪漫，我们有我们的小生活，他们的生活和我又有什么关系呢？

单位一起工作的同事，本是一个战壕里摸爬滚打成长起来的兄弟姐妹，无话不谈，不分你我，但却因为一张从天而降的升职馅饼而变得表里不一，当面一套背后一套。心里诸多的不服气，都表现在了那张与同事谋面时不自然的脸上。积在心中的不平之气，也都发泄在了工作上的不配合、背地里的说三道四，甚至是打小报告上。结果不仅淡了同事情谊，还损了个人形象。其实同事晋职加薪，那是人家努力付出的结果，自己完善自我、尽好本分就是了，他人的升降和我又有什么关系呢？

本没有关系，硬扯上关系。究其根源，只是别人的好碰触到了自己那颗隐藏的忌妒之心。别人的不好，也勾起了自己内心潜伏的阴暗面。其实大可不必，生活百态，万象不同。握紧自己的生活，不必模仿他人行走的轨迹。这样，才能品出生活的趣味，拥有自己的幸福。

（张金刚）

奥运冠军之死

那一幕，依然清晰地留在人们的脑海里，难以忘怀。2008年8月北京奥运会最后一天的男子马拉松比赛中，来自肯尼亚的22岁选手塞缪尔·卡马乌·万吉鲁一路高歌猛进，几乎是一路领跑，最终荣获冠军，并将奥运会男子马拉松最佳成绩提高了近3分钟。

当奥委会主席罗格亲自为他戴上奥运会金牌时，肯尼亚举国欢腾，许多年轻人从家里跑到街上，高呼着万吉鲁的名字。万吉鲁从北京回到国内，从机场到他下榻的宾馆，一路上都是欢迎的人群。万吉鲁陶醉了，陶醉在这巨大的成功之中。

回国后，万吉鲁受到肯尼亚总统和政府官员的亲切接见。随后，各种荣誉、巨额奖金，纷至沓来。他用这些奖金在首都内罗华和自己的家乡各购买了一幢别墅，接着，他又购置了豪华奔驰车、游艇，雇请了女仆、管家和保镖。

各大报刊都在用大量篇幅报道他的事迹，他到处接受采访、作报告，成了肯尼亚的国家英雄。每到一处，他都受到英雄般的欢迎。出行有飞机、小车，身边有高大威猛的保镖护驾。为了体现自己的非凡地位，他每天回到家里，要求家人和仆人必须站成一排列队鼓掌，欢迎他回来。

1986年11月，万吉鲁出生在肯尼亚东非大裂谷的尼亚胡卢路市，其家境非常贫穷，只有一间破草屋。他从来没有吃饱过，衣物仅够遮羞。15岁之前，从没有穿过鞋，整天光着脚丫子四处奔走觅食。

2001年，15岁的万吉鲁在肯尼亚参加了一个越野长跑比赛，获得冠军。一名日本田径教练在现场看上了这个光着脚丫子、身材纤细、肌肉健硕的穷孩子，觉得这孩子很有培养前途。于是，将万吉鲁带到日本练习中长跑。也就是在那一年，他才第一次穿上了鞋子。

获得北京奥运会马拉松冠军后，对于曾经一贫如洗的万吉鲁来说，一切都发生了巨大的改变。他有钱了，钱给他带来了过去想都不敢想的事。他疯狂地挥霍金钱、吃喝玩乐、纸醉金迷。他喜欢去泡吧、去夜总会……

2011年5月15日，万吉鲁在外面喝得醉醺醺地回到家从别墅二楼6米高的阳台上跳了下去……

万吉鲁重重地摔在水泥地上，当场死亡。

24岁的万吉鲁猝然跳楼死亡的消息让世界震惊。肯尼亚《国家报》一针见血地指出：失控的名利、欲望和全民浮躁杀死了奥运会马拉松冠军万吉鲁。万吉鲁之死，给沉醉于名利之中的世人敲响了警钟。

（李良旭）

"有毒"的朋友

　　最近发现办公室的小张情绪不大对，他一直是很阳光的，做事总是井井有条，各项工作的安排也是不贤不慢的。然而短短一周的时间，他不是上班迟到，就是方案出现低级错误，连开会也会分神开小差。我觉得他的生活肯定出了什么状况，便喊他到办公室聊聊天。

　　得到的答案让我有些吃惊：原来他自己挺好，倒是一个十分要好的兄弟最近正在闹离婚，几乎每天晚上都喊他到酒吧喝酒。一开始，他觉得反正自己还是单身，晚上也没啥事，陪着就陪着呗。岂料陪着这个兄弟醉生梦死了10天后，他忽然觉得自己不但精疲力尽，甚至对爱情产生了严重的质疑，整天脑子里面昏昏沉沉的，工作一点儿干劲也没有。

　　刚开始，我对小张的话还有些怀疑，直到看到一篇关于《小心，朋友"有毒"》的调查文章，才发觉这已经是一个全球性的问题了。调查称，根据美国研究人员的最新发现，如果一个人感到疲惫、崩溃或者缺乏自信，不只是与个人有关，还可能与你的朋友有关。"有毒的朋友"就是指那些用言语或行为给人带来困扰，让人感到筋疲力尽、灰心丧气，最终破坏生活的朋友。

其实在世界的很多国家的许多人都意识到，朋友可能是让他们感到不快乐的根源，"有毒的朋友"这个词也得到了权威心理学会的认可，并且变得极为流行，甚至成了美国奥普拉脱口秀节目的主题，《有毒朋友，真心朋友》等系列相关书籍甚至登上了畅销书排行榜。

而在国内，一项最新的调查也显示，84%的女人都在同"有毒"的朋友做"斗争"，这些朋友大多是自恋、神经质、挑剔乃至卑鄙的。男人也有同样麻烦，他们中有四分之三的人都承认现在或曾经有过"有毒"的朋友。受访者中65%的人抱怨他们的朋友过于自恋，59%的人则指责他们最亲密的熟人和朋友如同情感"吸血鬼"一样，让他们筋疲力尽。据调查，在18000名女性和4000名男性里，有超过一半以上的人有苛刻的朋友，45%的人表示遭受过朋友的陷害和讽刺，37%的人承认他们曾被不靠谱的朋友背弃。

在我们传统的观念中，夫妻、亲人、朋友之间出现了裂痕，总是要想方设法去修复、弥补。然而却很少有人知道，那些"有毒"的朋友，却需要我们及时地去清理。因为不管他们是暗中破坏型、滔滔不绝型、自私自利型、惯于毁约型还是多愁善感型，都会对我们产生巨大的磁场，一旦沉溺进去想摆脱都难。上海的心理咨询师顾恺颉曾说："人们常说患难之中见真情，实质上应该说是患难之中见真性。"对于那些只知道用语言或行为给人带来困扰，让人感到筋疲力尽、灰心丧气，最终破坏自己心情和生活的所谓"朋友"，还是离他们越远越好。

在获悉了这些信息之后，我告诉小张："尽管获得友谊是每个人的一种需要，但我们必须抵制那些不良的友谊的诱惑。"小张也赞同地点了点头。

（王　勇）

劝君莫要做"蠢人"

　　说起做人，谁都不愿做蠢人，也不承认自己是蠢人。可是在生活中，蠢人却是真实的存在。蠢人最大的蠢，就是不知道自己的蠢。古希腊大哲人亚里斯多德有句名言："人，不了解你自己。"指的就是不了解自己的蠢。

　　蠢人不是傻人。蠢人的突出特点是自以为比别人聪明，是"聪明"人干着不聪明的蠢事，而且还自以为得计。《三国演义》中那个权奸董卓，无恶不作，罪孽深重，终日提心吊胆，怕人行刺，身穿重甲，又营建郿坞作为藏身的巢穴，墙高沟深，防守严密，里面贮藏大量财物，仅粮食就足够吃三十年，准备万一政治上失败，足可退而自保；他又得到美女貂蝉，如获至宝，爱不离身。至此，权势、金钱、美女、华屋乃至退路，样样俱全了，只等着在这安乐窝中无忧无虑地过洞房春暖、美眷如花的神仙日子了。可是他万万没料到却突然祸起萧墙，因为争风吃醋，竟被自己最信任的干儿子吕布所杀，死后被人在尸体的肚脐中插上捻芯当灯点，落得个真正的死无葬身之地。正如苏东坡《郿坞》诗所讽刺的："衣中甲厚行何惧，坞里金多退足凭。毕竟英雄谁得似？脐脂自照不须灯！"可算个十足的大蠢人。

人为什么会蠢？是才能低吗？作为窃国大奸的董卓，如果说他少才无能，并不实际，一个能爬到权力最顶峰的人，没有歪才是做不到的。他的失败，不是失败于无才，而是失败于无德，失败于无厌的贪婪。以有限的才能，去追求无限的贪婪，力不从心，必将弄巧；而弄巧又必将成拙，这就是一切蠢人悲剧性的逻辑。《西游记》中那个呆子猪八戒，既贪财，又好色，呆头呆脑，自恃聪明，总是以玩巧开始，以害己告终。使尽花招只赚下七钱银子，还被银匠骗去三分；追过那么多女人，结果还是竹篮打水一场空，甚至险些丢了性命。别人看他既愚且蠢，他却照样我行我素。这是贪财好色的本性使其然也。所以，蠢与不蠢，都是由人的品质而决定的，从这个意义上讲，人人也都可以是蠢人，人人都可以不是蠢人。

在现实生活中，这种"聪明"的蠢人更是随处可见。他们差不多总是循着"以害人开始，以害己告终"的规律来行事。

玩秤杆宰顾客，耍手腕骗行人，黄泥巴做膏药，胡萝卜充人参；猪肉中注凉水，粮食里掺沙子；拿老婆当诱饵……这些伤天害理的勾当虽很恶毒，但不算巧，没有不败露的。所谓"螳螂捕蝉，黄雀在后"，等着他的，必然是连本带利一窝端。所以凡是将众人当傻子的奸巧之徒，无一不是蠢人。

无论是玩秤杆、玩广告的，还是玩笔杆、玩权术的，他们的身份虽有高低之分，方式也有隐显之别，但他们的目的都是要损人利己，结局也都是弄巧成拙。这不取决于你有多高的地位，多深的文化，多大的才能，只要是耍聪明，弄奸巧，就一定很蠢。还是要老老实实地做人，坦坦荡荡地活着，才能真正享到人生的快乐。

蠢人的共同特点是：耍聪明，占便宜。对人，总把别人当傻蛋；处事，总要自己抓个尖。分吃瓜，要挑个大块；同乘车，要抢个好座。吃饭拿大碗，干活扛小头。分毫不让，锱铢必争。甚至上公厕都不管里外，自己方便就行；拧开水龙头，用完不关，不愿干那"多余"的劳动。对小是小非，也要"人前不能矮一寸，背后无理辩三分"、"要争这口气"。在生活中，这种人并不罕见，人们把他看成是"奸头奸脑不可交"。这种人去当商贩，就能宰顾客；去搞公司，就能造假货，去当文人，就能蒙读者；去当官员，就能卖原则。孔子曰："君子坦荡荡，小人常戚戚。"作为"君子"，无论干什么都能坦荡荡；只要是"小人"，无论在什么位置上，都要"常戚戚"。

人若想摘掉"蠢人"的帽子，必须从眼前做起，从小事做起，"勿以善小而不为，勿以恶小而为之"。许多人恰恰是因为在小事小节上被人看成是"不可交，不可近"的人，失去了朋友，失去了机会，更失去了人格的魅力。所谓"不矜细行，终累大德"，正其谓也！

修养德操是做人的基本要义。"人不学，不成器，身不修，不知义"。一些身居显位或腰缠万贯的人，如果缺德，即便一时奈何不得他，能逃脱法律的制裁，却逃不过道德的谴责；能逃脱现实的惩罚，却逃不过历史的恶评。更何况在人民当家做主的时代，众人的唾沫能把任何一个蠢人淹死。为自身之安危计，也应加强道德修养。

修养是种内功，要靠个人的觉悟与意志。尤其处在无人监督的场合中，更须"慎独"，如临深渊，如履薄冰，知惕知惧，故"君子不欺暗室"。人都有过，但知过能改，就是君子。曾子说"吾日三省吾身"，只要不断地思过改过，人人皆可不是蠢人，就能迈向人类文明中的一种高尚的境界，养成一种较稳定的道义精神或文化精神。这种人去经商，就能利民通惠，去从文，就能劝导世风，去当官，就能为民造福。社会的进步靠他们去带动；他们的价值也靠社会的认知去实现。

如果你是聪明人，那就劝君莫要做蠢人！

（阮思齐）

幸福至简

终于，我发现幸福其实应在至简处求得。

朋友乔说过一个很有意思的比喻：幸福就是一株小草长在泥土里，小草幸福，你看着也幸福。这句话还有更远的深意，假设将来每一个地方都变成城市，山水草木渐渐罕见，甚至消失，那时的幸福就需要用草木来比喻、描述和召唤。因此乔说："那时人们的修辞是这样的：真好吃啊，好吃的感觉就像躺在草地上；真好玩啊，好玩得就像爬上了一棵树；真好笑哇，好笑得变成了一朵花……我爱你，就像爱一棵小草……生活如草……论貌，倾'树'倾'草'；论财，富可敌'草'。那时最大的荣耀，就是有人送给你一片叶子；最贵重的奖品，就是你得到了一株草的芽。"

"大道至简"，幸福生长到最大最深、最远最久处，原本是一株草、一棵树、一块石头、一处山水，它并不指向皇家园林、人造风景和高楼大厦。如果我们能够意识到象征人类欲望的城市所到之处，往往逾越和篡夺了草木山水，欲望得胜，而家园渐失，那么在一息尚存的小草身上，我们就会重新发现幸福，并会别样情深、倍加珍惜。

现代人的幸福确实脆弱得有如风中灯火，而"你的欲望的气息一接触灯火，立刻就把灯光灭了"。有欲望才成生命，但欲望有多寡善恶之分。"欲壑难填"是现代人的病症，如果填入的还是罪恶的东西，那就更称不上是幸福，反倒是生命的巨祸。

"如果我拥有天空和空中所有的繁星以及世界和世上无穷的财富，我还会要求更多的东西。"这正是人性的弱点。这样一来，我们只会穷尽时间和精力忙着满足自己不断增多、加大加重的欲望，而忘记了幸福至简的特性，错把物质的过分泛滥、强势和情感的过于复杂、虚假当做幸福本身。现在有很多人感慨幸福难寻，不是因为他们缺少物质的享受，而是享受得太多，感受变得迟钝麻木了；也不是他们的感情生活太贫乏，而是感情过于庞杂生猛和凌乱潦草，"吃"坏了胃口。这种贪婪的欲念歪曲、掩盖和抽离了太多的幸福，他们甚至因此失去感受幸福的能力。正如乐音再好，也不能时刻都听，若听得太滥太久，听觉的灵敏就会受损，因此我们要学会去做一株小草、一棵树木，为欲望做减法，为过剩的营养做减法。欲望和多余的营养一旦减下来，幸福和快乐随着人的日渐觉悟，自然就会加上去。

我们真正的需要不过如冬天的太阳一般和煦、简单，这也意味着我们的很多欲望都是没有意义的，是从一开始就应该减去的，否则加得越多，生活就变得越复杂，我们就越茫然。一位作家在谈论

"恋爱"的话题时写道:"其实事情是这样的,说得越多、越复杂,越不清晰,并且也越来越不接近。"幸福也是如此,只有至简才能清晰,才能接近。

在至简处得来的幸福,就是:"身体为物所限,不能远游,却不妨碍'心阅'山川",也是:寻一个古意的屋檐,在那里"仰望湛蓝的天宇,何处在藤萝架下'清泉石上流'?"更是:"与所爱在星空下携手而行",且懂得"转山转水转佛塔,最后在一个平平淡淡的日子,与你相逢"。

我一直认为,满足欲望的最好方式就是关闭欲望之门。事情便是如此简单。

(羲水羽衣)

麻醉我们的不只是赞美

　　在西伯利亚，有一种狐，叫银狐。银狐有一种洁癖，它十分爱惜自己那身洁白的皮毛，只要身上沾了水珠、草叶什么的，它就会用舌头舔得一干二净。

　　当地的猎人，正是利用了银狐的这个洁癖，而去捕获银狐的。他们在银狐经常出没的地方，把麻醉药撒在树叶上和草丛间，银狐们在舔干净皮毛上沾有麻醉药的水珠和草叶的同时，也麻醉了自己，从而轻易成了猎人的俘虏。

　　生活中，我们面对外来的赞美和表扬时，容易在飘飘然中麻醉自己。然而，麻醉我们的，不只是外来的赞美。当我们不能正确地对待外来的"污点"时，比如别人的指责或污陷，就会麻醉自己、迷失自我。有的人一旦受到别人的指责，就斤斤计较、纠缠不放，缺乏一种"清者自清，浊者自浊"的冷静心态，从而变得不理智、不清醒，结果在"麻醉"中被别人钻了空子，成了别人的"俘虏"。

（邱文瑾）

简约至极为灿烂

　　27岁的安德鲁·海德是美国俄勒冈州的一名博客、网页设计师。2010年，他灵机一动，把房子、汽车连同身上一堆杂七杂八的物品悉数变卖，最终只剩下100件日常必备的物品，然后开始了浪迹天涯的生活。他不管走到哪里，随身都带着自己这100件物品构成的"全部家当"。随着坚持的时间愈长，他发现还可以让"全部家当"再精简一些。于是，每隔一段时间，他都会从中减去一部分。到了最后，"全部家当"除了需要经常换洗的袜子及内裤，只剩下了15件东西：一个容量巨大的大背包、一件长袖T恤、一件短袖T恤、一件防水夹克、一件羊毛夹克、一条慢跑短裤、一条毛巾、一件衬衫、一条牛仔裤、一副太阳眼镜、一双慢跑鞋、一个钱包、一个笔记本电脑和一个手机。

　　如今，安德鲁俨然成了时代英雄，每到一座城市，他都会被邀请为当地民众做一场以"简约生活"为主题的演讲，很多人都对他的传奇经历敬佩不已。

　　很多时候，生命就应该是这样简约，它不需要过多的东西作为支撑，也不需要太多的物品充当内核，当你完成生命的一次次跳跃之后，蓦然间你会发现，有太多太多的东西完全可以抛弃，有了它们，反而是生命的累赘。

简约至极究竟能达到何种境界？答案很简单，就是灿烂。

（段　指）

节制是心灵的闸

　　著名学者梁漱溟说，人类面临三个难题：人与动物、人与人和人与内心。其中最难解决的是人与内心。为什么这样说呢？生活中，我们常常打败别人，却很难战胜自己，也就是说，自己的那颗心像一匹脱缰的野马，去了不该去、不能去的草原。心丢了，"我"也就不复存在，成了形同虚设、行尸走肉。

　　那么，该怎样让自己拥有一颗积极、进取、乐观的心呢？最明智的做法就是为心灵设个节制的闸。有了它，欲望和非分之想的洪水就能够被挡在心门之外，人才会变得宁静。只有心静了，我们才能有正确的想法和愿望，才知道该做什么，不该做什么。

　　没有节制，心往往盛了不该盛的东西，比如忌妒、贪婪、仇恨等等，而这些正是噩运的种子。秦国的太医李醯自知医术不如扁鹊，于是就派人杀了他，可是到现在，天下谈论诊脉的人还是遵从扁鹊的理论和实践。其实忌妒之心人人都有，如果李醯能化忌妒为动力，发愤提高自己，那么他就有可能迎头赶上甚至超过别人，从而真正地改变命运。记得高中班主任常说四个字：我命在我。进一步说，就是我命在心，一颗设置了闸的心。

没有节制，常常丢了自己。晋献公想向虞国借路去讨伐虢国，荀息建议用他最好的宝玉和良马贿赂虞国君主，向他要求借路。晋献公说："假如他接受我的礼物又不借路，怎么办？"荀息说："他不借路，必不敢接受我们的礼物。"晋君说："好吧。"就让荀息带着两样宝贝去贿赂虞公，向他借路。虞公见良马和宝玉如此大礼，大喜之余，就打算答应借路。宫之奇劝谏说："不能答应。虞有虢好比车两边有护木。护木依靠车子，车子也依靠护木，虞虢两国的地理形势正是这样。假如借路给他们，那么虢国早上灭亡，虞国晚上就要跟着灭亡……"虞公不听，于是借路给晋国。荀息讨伐虢国取得了胜利，三年后又发兵打败了虞国……可见，虞君心里没有设置节制这个闸，因此丢了自己和江山。

但是，一个人无论如何也不能丢了自己，就像一棵失去了根的树，那树干、枝叶迟早会干枯、烂掉。我们常说根深叶茂，诚如斯言，只有守住自己的根本，才能去做自己喜欢做的事情。属于每个人的时间、精力、生命都是有限的，所以我们必须有目标、有方向地去努力，正所谓好钢用在刀刃上。

一天，作家梁实秋和朋友们一起吃饭。熏鱼端上来了，他不吃；冰糖肘子端上来了，他又说不能碰；什锦炒饭端上来了，他还是说不能吃。最后八宝饭端来时，没想到他居然开心地说："这个我要。"朋友提醒他："里面既有糖又有淀粉。"他却笑着说："我当然知道，我前面不吃，是为了后面吃啊。因为我血糖高，得忌口，所以必须节制着、计划着，把那'配额'留给最爱。"许多人，因为懂得节制自己，集中力量在特定的事物上，才有所作为，甚至做出了杰出的成就。

浅水大鱼不游，浅土大木不长。要想恰如其分地做到节制，就离不开很高的修养、渊博的知识、良好的习惯，只有具有这些条件，我们才能很好地为心灵设置这个闸，让它挡住欲望、贪念、丑陋、邪恶……让心灵装满人间真情，装满人间美好。

（寒　青）

越较真越难幸福

电视访谈节目里，一位场外观众问导演姜文："大家都知道您是一个爱较真的人，不知道在《让子弹飞》的拍摄过程中，您有没有和包括周润发、刘嘉玲以及葛优在内的演员较真？"

姜文一笑，说："我的确是个爱较真的人。很多跟我拍过戏的演员都说，别看在荧屏上光鲜得很，但姜导一较真，我们只能叫苦。"

姜文回忆说，当时拍《让子弹飞》这部电影时，他的确在很多地方较真。就邵兵、廖凡、张默三个大男人在剧中所骑的马，姜文就和相关人员较起了真。他认为，这三匹马一定得是纯种马，这样才能体现出马匪的个性。而这项工作的负责人却提出了相反的意见："马的品种不是最重要的，关键是能透出一股子精神！"就在姜文放不下这个问题时，周润发拍拍他的肩膀说："老弟，你这么爱较真，真碰上要较真的地方你还有劲可较吗？"姜文说，周润发的这番话无异于醍醐灌顶。"我觉得发哥说的那句话太有哲理了，从那以后，我学会了有选择地较真，不值得较真的就算了，由它去。"

生活在纷繁的尘世间，烦扰与喧嚣不断，与其事事上心，不如择之而虑。唯有学会选择性地生活，我们才能心平气顺，幸福满途。

（李　惠）

轻装才能远行

有一个刚入佛门的小沙弥，立志要游遍天下名山大寺，可是他出行的日期却一推再推。

小沙弥的师傅把小沙弥叫去问道："你出门云游，为什么还不动身呢？"

小沙弥想了想说道："我这次出门，远去万里，所以我要做好准备再出发。"老和尚点了点头说道："是呀，这么远的路，是需要做好准备。"老和尚停了一会儿又问道："你的芒鞋备足了吗？一去万里，鞋备不足怎么能行呢？这样，我让你师兄每人给你备十双芒鞋。"不到一会儿，小沙弥就有上百双芒鞋了，堆在那里，像小山一样，而小沙弥的师兄也站在小沙弥旁边。老和尚又说道："你们师弟远游，一路不知道要经过多少风雨，大家每人要替他备下一把伞来。"不一会儿功夫，小沙弥的师兄就把所有的伞都给小沙弥送来了，小沙弥一下子又有了几十把伞。

看着这些伞和堆得像小山的芒鞋，小和尚不解："师傅，我只是一个人外出云游，这么多的东西，别说是几万里，就是寸步，我也移不动呀！"

老和尚微微一笑："别急，准备得还不算足呢。你这一去，山万重，水千条，走到那些河边，你又怎么过去呢？我让你的师兄给你打造一条船吧。"

小沙弥突然顿悟，慌忙跪下说道："师傅，我明白你的用心了，徒儿马上准备一下，明天就上路。"

老和尚会心一笑："一个人上路远游，一鞋一钵就够了，东西太多，就走不动了。人生一世，不也是一次远游吗？心里装的东西太多，又如何能走得远呢？轻装才能远行，净心方能久远呀！"

第二天，天刚微微亮，小沙弥就手持一钵走出了寺门。

（郭　龙）

神马浮云

"神马都是浮云"，这是前段时间在网上相当风靡的一句话，被网民誉为"放之四海而皆准的万能警句"。

不上网的，看着这六个字就只能妄加揣测了。其实，只要把"神马"两字解释一下，这话就不陌生了。神马不是指一匹马，不是指一群马，不是指神话故事里的马，神马是"什么"的谐音。把这句话翻译过来就是："什么都是浮云""什么都不必在意"。

周星驰的电影《唐伯虎点秋香》，在一个杜撰的故事上又加了不少调料，把以唐伯虎为首的江南四大才子疯疯癫癫地恶搞了一番。电影里编的故事自然不必当真，不过里面引用的一句诗确实是唐大才子本人所写："世人笑我太疯癫，我笑他人看不穿。"纯粹的文人天生有放浪不羁的基因，天马行空、无拘无束是他们最高的人生追求。要达到这个境界，浮云是必不可少的道具。

所谓浮云，所谓看穿，归根结底就是三个字：不在乎！

现在的人，从一出生开始，周围就有无数的神马陪伴。自从父母树立起"不能让孩子输在起跑线上"的意识以后，人生的第一条跑道就此铺开，跑上去的人，这一辈子很难停得下来。神马重点中学、神马理想大学、神马公务员、神马白领、神马高薪、神马房子、神马美女帅哥、神马职位地位……前方遍布着充满诱惑的兑奖站，奖品却备得不多，跑得慢了，到得晚了，就眼睁睁看着奖品被别人领走，好纠结！只能咬着牙跑，最好把别人都远远地抛在后面，这样才有安全感。

拿奖的时候固然开心，充满了成就感，但总有力不从心的时候，那时候就会想起神马浮云，喟叹着，若能把这些都看成天边飘来浮去的云，不用去理会它们，生活中只留下风花雪月的美景、神仙眷属的陪伴和对酒当歌的洒脱，那该多么轻松！

但真的做得到么？彻头彻尾的不在乎，是任何一个意识清醒的人都难以做到的。不在乎功名的，也许在乎利禄；不在乎利禄的，也许在乎爱情；不在乎爱情的，也许在乎友情；不在乎友情的，也许在乎事业……那唐伯虎再心无羁绊，不也在乎美女秋香的回眸一笑吗？人总要有所寄托，最不济的，温饱总是在乎的。如果一个人连温饱都不在乎了，那就失去了存活在人类社会的意义了。

周国平在一篇文章里说过一段精辟的话，引用一下：人有一个肉体似乎是一件尴尬事。那个丧子的母亲终于停止哭泣，端起饭碗，因为她饿了。那个含情脉脉的姑娘不得不离开情人一小会儿，她需要上厕所。那个哲学家刚才还在谈论面对苦难的神明般的宁静，现在却因为牙痛而呻吟不止。当我们的灵魂在天堂享受幸福或在地狱体味悲剧时，肉体往往不合时宜地把它拉回到尘世。

精神和肉体是如此亲密地合二为一，这是滚滚红尘的游戏规则，没有几个人能够游离在这个规则之外。没有精神的肉体，注定只是一具行尸走肉；没有肉体的精神，又如何实现它的存在和归依呢？

可见，神马精神、神马肉体都不是浮云，人只要还活着，就不得不在乎很多事，不得不快乐或不快乐地为这些在乎的事奔忙着。但太在乎了，天性被压抑，自由被束缚，肉体成为一架被迫劳作的机器，人又会活得很累。这真是一对矛盾哪！

神马事，先掂量，让那些本来就不该得的神马，和努力了也得不到的神马变成天边的一朵朵浮云，这样的人生，也许会变得轻松快乐！

（立　夏）

人生与金钱

　　一个富人在年轻时穷困潦倒，一直千方百计地赚钱蓄财，终于成了富甲一方的富翁。然而，当他成了富翁时，已白发苍苍，无法再享受自己的财富，很快就命归西天。

　　富人到了天堂，遇见了神圣的上帝。

　　富人向上帝请教道："伟大的上帝，人的一生对于您来说有多长？"

　　上帝回答道："呼吸之间。"

　　富人问道："人生所有的金钱，在您的眼里有多大的价值？"

　　上帝回答道："一堆泥土。"

　　富人问道："神圣的上帝，能否请您再给我一次呼吸？"

　　上帝说道："可以，只要你能够给我创造一堆泥土。"

　　富人说道："万能的上帝，我无法创造一堆泥土，能否用我一生的金钱，换取一堆泥土呢？"

　　上帝说道："可以。"

　　于是上帝给了富人一个坟墓。

　　富人困惑道："仁慈的上帝，我希望你再给我一次来生，为何却给了我一个坟墓呢?"

上帝抚摸着富人的头说道:"可怜的孩子,你可以用一生去获取金钱,但无法用一生拥有的金钱换取一次来生,只能用一生的金钱去换取这堆泥土。你就永远地安息在这儿吧。"

(吴礼鑫)

被囚禁的梦想

她出生于陕西农村的一个普通农民家庭。

自初中时起，痴迷于画画的她，心中便萌发了一个梦想——成为一名画家，用手里色彩绚丽的画笔，描画五彩缤纷的生活。苍天不负苦心人，经过不懈努力，高中毕业那年，她终于如愿以偿地考取了西安的一所美术学院。

通向梦想之路的平台搭好了，她犹如一只向往蓝天的小鸟，终于可以展翅翱翔。如果沿着这条路，一步一个脚印地慢慢向前走，梦想的实现，并不是一件遥不可及的事。

遗憾的是，自大二开始，她并没有将时间和精力放在学习和画技的提高上。在学习氛围宽松的大学校园里，看着别的同学周末的时候成双成对地出入，她也在不知不觉中慢慢偏离了梦想的轨道。

大二伊始，她交了一个男朋友。男友比她大八岁，出手阔绰，能在物质上极大地满足她。在接受男友用金钱为她制造快乐的同时，曾经的梦想也被她抛得越来越远。

只是自始至终，男友都不曾坦诚地告诉她，自己所从事的职业。

心中不是没有疑虑，也曾不止一次地询问，可是每一次，男友都有些不耐烦地重复同一句话：与朋友合伙做生意。有钱给你花就行了，别的不用操心。她信以为真，自此便不再追问。

男友在西安市区有一处住房，很快，她便与男友同居了。就这样，在浮光媚影的城市里，她的课余时间完全被吃喝玩乐所占领。

正如印度诗人泰戈尔所说，鸟翼上系着黄金，便无法翱翔。

有多少美好的日子，经得起如此轻易地抛掷？人生最美好的青春年华，在这样的挥霍中一晃而过。

毕业后，她没有急于找工作，而是搬到男友的住处，为他洗衣做饭，两人俨然一对小夫妻。看着为一份低收入工作辛苦奔波于上下班人流中的大学同学，她暗暗为自己庆幸。这样好的归宿，这样的现世安稳，于她，已有小小的满足。殊不知，她的生活里，早已潜伏着暗流。

一次，她意外地发现男友吸毒。近墨者黑，很快，经不住诱惑的她，在男友的怂恿下抱着好奇的心理也试着吸了一口。自此，她再也没有摆脱毒品的控制。

接着，男友的真实身份很快暴露在她面前——贩卖毒品。可是此时，她和男友一样，已对毒品有着强烈的依赖，她既没有能力阻止，也没有勇气脱离。

意外的突然发生，是在一个安静的午夜。当时，她正悠闲地躺在沙发上看电视、吃零食，等待着男友的归来。

当门铃响起的时候，以为是男友的她，如往日一样心怀喜悦地去开门。然而，迎接她的，却是穿制服的警察所带来的冰凉手铐。

她的手，情不自禁地开始发抖。一同颤抖的，还有她的心。她这才知道，男友刚刚在外面与另一个毒品贩子接头时被便衣警察双双抓获，她也因此被牵连进来。

不久，判决结果下来，男友因为长期从事毒品贩卖，被判了死缓。而她，也被判了12年的有期徒刑。

纵使穿着囚服，也依然掩不住她曾经的美丽。然而，待在监狱里，她却一分一秒地感知生命惨烈的绝望。她又重拾起画笔，一笔笔描画，空中飞翔的鸟儿、沐浴着阳光的花朵、将枝叶自由伸展的树……然后一张张贴在床铺旁边的墙上。

倘若当初，不贪恋虚幻的华美，而是坚定地执著于自己的梦想，不为诱惑所动，或许今天，出自她笔下的作品，应该盛开在精致的画展上。

原本有着清澈芳菲的年华，可以和许许多多怀揣着梦想的同龄人一样，做一朵沐浴着阳光的花朵，背着小小画板，找一处风景优美的静谧之地，倘徉在灿烂的阳光下，让自己，连同指尖流淌出来的纸上的画作一起，晾晒在阳光下，让梦想淋漓尽致地挥洒。那样的人与画，定会构成一幅美丽的风景，定会引来路人赞赏的目光。

可是如今，这些充满了灵动和活力的画作，只能以这种惨烈的方式出现在斑驳的墙上。曾经的梦想、最美丽的年华，也只能被囚禁在监狱这一方小小的天地里。让人看着，心里不免感伤。

放纵灵魂的人，最终会失去真正的自由。人生路上，关键处只有几步，而生活从来就不是一种物理上的匀速直线运动，并非没有风吹、没有外力、没有摩擦……对于我们每一个人来说，向下的堕落总比向上的攀爬容易。在追逐梦想的道路上，只有那些拼尽全力努力向上、不因外界的诱惑而丢失自我的人们，才能让梦想得以舒展，开出绚美的灿烂，而不是囚禁自己心中的梦想之火。

（九　日）

做一个朴素者

生活充满争议和分裂，做一个朴素者其实非常难。

他和她要结婚了，去买床上用品。他说四件套就行，她则要求十一件套；他说全棉的好，她却要求全桑蚕丝的。最终他妥协，但仍对全棉磨毛四件套情有独钟。因为他一直觉得全棉的够朴素，生活还是以朴素为好，而她恰恰不愿意朴素，说即便是天生丽质的一根黑头发，她也要借钱将它染出金子般的颜色和光芒。

他渴望自己能够拥有一颗朴素的心，即便她要求他穿一身时尚的华服，他也想让跟他交往的人对他内心的朴素有一种洞察和信任，甚至彼此能够一见如故——那种朴素的"故"。

其实，就如他的这种想法一样，在生活中做一个朴素者真的非常困难。不知哪里来的一种力量，迫使人们穿要华服、吃要珍馐、行要宝马、住要别墅，心里面天天喊着返璞归真、铅华散尽，可是很少有人能够素面朝天。更多的人喜欢掩饰，习惯矫饰，用一句比较朴素的话来说，就是很多人都在"打肿脸充胖子"，透支着去过一种提前膨胀和浮肿的生活。

也许当彼此都慢慢变老的时候，我们才会慢慢重拾朴素的浪漫吧？但谁的时光不是从头到尾一直朴素着呢？谁的面前不是朴素的花草山水呢？阳光是朴素的，你才能够将它分解出彩虹之色；花草是朴素的，你才不用在花瓣草叶上多添加任何一笔颜料；泉水是朴素的，你才相信世界上有很多东西可以直接去分享……而我们，为什么偏偏要远离朴素呢？

在许多人看来，朴素是初始的、低级的、寒碜的、败象的。其实并不是这样，朴素并不直接对着一身打满补丁的衣服，它也不是买得起正版图书却要去买盗版书，它更不是马虎和吝啬的代名词。那么朴素是什么呢？它就是自然，就是本色，就是天生丽质，就是襟怀坦白，就是内外一致、和谐自在，就是我口说我话、我手做我事、我脚走我路、我心悟我道，不把我践踏了、不把我扭曲了、不把我吹高了、不把我弄丢了。如此，朴素难道不是很好、很让人向往吗？生命诞生的时候都是朴素的，到最后我们才神往洗尽铅华、返璞归真，那么中间的路呢？我们有多长的路偏离了朴素？这是需要警觉的，需要早日回到自然之道和人生正途。

做一个朴素者，该需要多大的勇气呀！因为这几乎接近精神的赤裸，让人看到你究竟是不是足够清澈和透明。这是个人人急于表现自我的时代，也是一个人人都会掩饰自我的时代，表现是为了在成功之时永无朴素，掩饰是为了在失败时制造无辜。而朴素者恰恰不同，他单纯得像个孩子，天真得像一朵小花。他不设置障碍，也不制造麻烦，一就是一，二就是二。你说他一览无余也好，你说他没心没肺也好，但你不能不羡慕和向往他的饱满自在、他的亲和自由、他的安宁自得。他的沉默其实是水光潋滟的沉默，他的情趣其实是花草山水的情趣，他不会跟你轻易结盟，却是值得信托的那种人。

做一个朴素者不管对谁都是一篇好诗歌、好散文，而不仅仅是对自己做一场好梦、要一个传奇。

（孙君飞）

幸福之际在于简

　　我曾养过狗。德牧，名门血统。我不敢慢待，每天都用上好的骨肉款待，有时还喂羊汤、牛奶。渐渐地，它除了精肉细骨一概不食。到后来甚至连超市买来的高价狗粮都懒得瞄一眼，像是满腹怨气的贵妇，而我分明从它慵懒冷漠的眼神里，看到了它深切的不满和厚重的怨气。

　　由俭入奢易，由奢入俭难。这时代，物质的过分泛滥、强势和情感的过于复杂、虚假、歪曲，掩盖、抽离了大多东西，包括公理和常识。

　　我时常想，我们的需要不过如冬日的阳光一般和煦、简单，但总有大多人，喜欢顶着烈日，化身飞蛾，投向华丽的火焰。我的沮丧不是因为灭亡，相反，人们学会了极端地展览生存，却同样极端地遗忘了幸福之根本。

　　幸福必须是单纯的，单纯一点，欲望就可以少一点。欲壑难填是无上智慧，欲望就是个永远无法满足的东西，如同多米诺骨牌，打开一扇门，紧接着其他的门跟着就打开了。而绝大部分欲望是无用的，只会让你的生活变得复杂，一复杂就会茫然。我一直认为，满足欲望的最好方式就是关闭欲望之门，正如古人所说：本来无一物，何处惹尘埃。

（麦　家）

给心灵一个"冷水浴"

去年秋天，从杂志上看到一位医学博士谈冷水浴的通俗文章，我的多愁多病身竟被撩拨得不能自持，开始学着尝试这种旨在"调节身心、考验意志"的活动。一冬下来，果然有效：感冒少了，睡眠得到了改善，大脑也清醒了不少。特别是在天寒地冻的日子里，当进行完这种强刺激之后，皮肤紫红滑爽，全身那种热乎乎的感觉，确实妙不可言。不过这似乎还不是顶重要的，我还有另外的收获。我永远不会忘记，那位医学博士在文章的最后曾语重心长地强调：健身的关键是要先"健心"。他说："'仁者寿，爱者乐。'人不应只知给皮肤洗澡，更应给心灵洗澡，以便清除灵魂上的污垢、病菌，这样才能保持身、心两方面的健康——一个人真正意义上的健康。"

从博士那里我学会了给心灵"冷水浴"——自省。

每当玫瑰色的夕阳沉入大山背后，当第一颗金灿灿的星星闪烁于天幕，我便会独处一隅，展开想象的金翅，威严地坐到审判台上，把自我拉到脚下，缓缓审视这个既熟悉又陌生的"受审人"。有时，我会为自己某一时极细微的伪善言行感到脸红，有时会为自己曾闪过的极隐秘的龌龊念头而害羞。即使是外界难以察觉的、不露蛛丝马迹的卑劣行为也会一一在高悬于大堂之上的明镜里清晰闪现。我会严厉地向自己拷问，耐心地听自己辩护，当我对自己的错误和过失一一指陈、鞭打并下决心"改掉它"之后，就感到了"实迷途其未远，觉今是而昨非"的轻松、愉快和甜蜜，仿佛为自己进行了一次干净利落的"冷水浴"；更多的时候，当我经过一番审问最后裁定自己基本是个友善、诚实和坦白之人时，就会感到一种精神上的满足。"内省不疚，何忧何惧"，风清月白的自得感会使我欣慰，我惬意地躺到床上，很快进入那安详、快乐的梦乡。

我迷上了冬天的冷水浴，更迷上了心灵的"冷水浴"——自省。在我看来，自省是多么奇妙！它有点类似于冷水浴，初时让人有寒入骨髓的恐惧，过后却令人无限喜悦、爽朗。如果说冷水浴是把身体拉到被告席上进行痛快淋漓的审判，那么自省就是把灵魂无情地椎到被告席上，接受一个独立而苛刻的法官的审判了。现实中，被告常慌乱不安和焦头烂额，但事实上，自省却不完全是这样。甚至，对一个自省有素的人来说，自省是一个充满自尊、喜悦和欢畅的过程。甚至可以说，再也没有比充当这种至高无上的"自我"的大法官更令人幸福的事了。一个懂得生命价值的人是乐于充当既是审判者又是受审者这种双重角色的。自省是个视自身如璞玉进行如切如磋如琢如磨的精细的加工过程。古代的曾子可能要算是这方面的专家了，他的"吾日三省吾身"的名言流传不朽，并且还要流传下去。

鲁迅也有解剖自己比解剖别人更严之说。显然,自省是一种趋向"日新、日日新、又日新"的自我完善更新的过程,一种洗心涤虑、免除祸患从而获得真善美的过程。曾在日本"造船疑案"中遭受不白之冤的日本财界总理、东芝公司总裁士光敏夫曾不无感慨地说:"不光是经营者,任何人在人生道路上都会遇到意想不到的陷阱……为了避开这些陷阱,经营者必须对自己的生活方式和人生观抱有坚强而明确的信念。说到底,一切都取决于一个人平时的修养与省察。"是的,要想坦白、诚实、无罪恶感、无恐怖感地生活,就必须珍视自省、牢记自省。

读《大学》《中庸》可知,古人认为自省的核心应该是诚,是诚实、诚信、诚恳。一个在生活中总是装模作样、自以为是的人,当然就谈不上自省。正是生活中许多不知省的人,给我充当了极好的老师。这些人表面上无所忌惮、任性"潇洒",但却总是受到外部世界的强烈制约:不是被上级批评、同事指责,就是为亲友痛斥甚至抛弃,要不就是遭遇一些无妄的灾祸和打击。滚滚红尘中,有多少人正是从不注重自省到完全失去自省的能力而陷入庸鄙泥淖和罪恶渊薮的。有的人因蒙昧无知、麻木不仁,而不知自省为何物;有的人则因私欲膨胀、人性被扭曲自感修复无望而索性拒绝自省;有的人因良知被吞噬,心灵被贪欲熏黑,手上沾满血污,而恐惧自省。显然,一个人失掉了自省的权利,就会变成被打入无形牢狱的囚徒。表面看来他可能依然有尊崇显赫的地位、富甲一方的家财、炙手可热的权力，但这时他已成了善恶不辨的行尸走肉。不能自省者，其实是一个失去了真正的家园和财富、失去对真善美思考能力的人格不健全的人。笛卡尔说"我思故我在"，叔本华甚至认为"只有思考过的人生才是真正的人生"。浑浑噩噩的庸卑者不知自省，口是心非的伪善者忌讳自省，无所忌惮的邪恶者仇视自省，他们因此而不可救药。

对自省的认识是慢慢深化的，自省的意义是在平凡的日子中渐渐显示出来的。自省使我们得到了内心的安宁，领略了从未有过的人生妙境，并且对生活有了哲理性的体悟。记得雅典特尔菲神庙上铭刻着这样一句神秘的箴言："认识你自己。"自省正是"认识自己"的金钥匙，这大概是造化对人类最大的恩惠或是人类最杰出的创造吧。一块顽石不知自省，一棵树不知自省，一只长颈鹿也不知自省，只有人有这种能力。这是一种自尊自爱和自我超越的能力。自省，意味着由信赖自我到回归自我，意味着在向"认识你自己"的目标挺进。自省是精神意义上的"回家看看"。在这个"家"里，你会发现那照彻黑暗、获得幸福的唯一光源。

人要回应"认识你自己"的昭示，就必须进行自省。古老的谚语说得好："静坐常思己过。"自省是对心灵的自我净化和升华，是真正的自我呵护。它是一把剔除垢溃的刮刀，是炼去瑕疵的炉火，是不让人偏离大道和坦途的鞭子。只有对生命的意义求索不止者才会最青睐和珍视自省，这样的求索者每分每秒都在强化着、积聚着这种宝贵的能力。把自己放到刀尖和火焰上进行拷问是他的精神之宴，当他能够和自省完全打成一片、融为一体时，亦即当他在五光十色的生活中不再需要刻意的自省时，他就认识了自己，就成了一个觉醒者、一个智者，而这一切，都该归功于那种直接针对心灵的"冷水浴"。

（杨云岫）

向自我的欲望挑战

　　有一个古老的神话传说——传说亿万年前，茫茫大地上有一只怪物，被雷劈成两半儿，一半儿逃回森林变成了狼，另一半儿站立起来变成了人。从此，双方都争着要找回自己的那一半儿，于是，狼便有了人性，人便有了兽性。

　　狼是否具有人性我们且不去管，人具有某种兽性却是无须论证的。这种兽性主要来自于欲望——尤其是邪恶的欲望——恐怕没人反对这个观点。

　　月有阴晴圆缺，人有七情六欲，欲望与人相生相伴，就连刚落地的孩子都知道啼哭着要奶吃，人只要活着，就断不了欲望，所以，正常的、健康的、基本的、向上的，乃至稍稍出格的欲望是生命的原动力，正是这一类欲望使我们的人生变得灿烂，使这个世界变得愈来愈绚丽。但是，古往今来，古今中外，在大地上的人群中，有一部分却并不满足于这类正常的欲望，他们幻想并挥舞着超越法律、公约、道德和人性的欲望之剑，于是，邪恶就产生了，于是就有了战争、侵略、杀戮、奸淫、劫窃、贪污受贿、欺世盗名……这类人的兽性往往一发难收，直至被正义击退。人类几千年的文明史，其实就是正义挑战邪恶捎带上挑战自然的历史；

在一个远离战争，相对和平的年代里，以上所述的邪恶欲念的条款中，除了贪污受贿和欺世盗名对付起来比较麻烦外，其余的并不十分可怕，因为敢于释放诸如劫命劫财劫色之邪恶欲望的孬人毕竟是极少数，监狱的大门一直为他们敞开着呢！比较难办的是那些并未明显触犯刑律，而又确确实实超出了正常欲望的欲望——譬如不去努力或没那个本事却又想发大财，发了财又琢磨着少交税或不交税；譬如满脑子想当官，为此而投机钻营不择手段；譬如想来点外遇，隔墙摘花或红杏出墙什么的。总之，升官发财、捞取声名、寻芳猎艳等私心杂念是这类欲望主要的指向。说它恶有点重，说它邪有点轻，谁都懒得管，想管也管不了。要命的是，这些欲望在很多人身上都有过表现，有的是一闪而过，有的是时常闪烁，有的是挥之不去甚而死不瞑目；有的得不到又馋得心痒难耐，有的得到了一些但并不满足，有的得到了很多还是不罢休。而且随着时间的延续和人口以及社会财富的增加，人们的这类欲望之水愈加汹涌，呈现爆炸之势，有人干脆说，这个世界越来越像一个欲望的加油站了！

问题就在这里。所以我说这类邪不邪恶不恶的欲望才是最可怕的，才是我们人类共同的、真正的敌人。它天天在我们眼前晃悠，就像我们的影子一样，夜里做的梦也大半与它有关。它使我们吃不香睡不实，宛若糖里拌了盐，既让我们苦恼苦涩又让我们甜蜜愉悦。

因此，你是爱它还是恨它？真的不易说清。

苏东坡说，人生苦于多欲。固然，有时候权力、金钱、美色、声名等等东西有着不可抗拒的魅力，但不遏制地追求它往往会害人伤己。关键在于寻求一种平衡，以保持灵魂大厦不至于倾覆，从而达到自我拯救和抚慰的目的。事实上，人这一生，得到的和失去的大抵是相等的，可是在一任欲望泛滥的过程中，我们的心灵都已经不可避免地蒙上了尘埃，它使人与人之间的关系变得冷漠，因此，现代人普遍存在的精神疾病的病因主要就是各种欲望造成的。在历史的长河中，先贤圣哲们早就发现了这一点，他们不时地发出忠告：譬如圣经上说，头脑简单的人是多么幸福；譬如孔子说，一箪食，一瓢饮，在陋巷，人不堪其忧，回也不改其乐；譬如唐寅说，闲来写就青山卖，不使人间造孽钱；譬如马克思说，劳动者只有权拥有他为了生活下去所必需的那么多，并且只有权为了拥有（这么多）而生活下去；譬如清代在朝中做大官的张英在一封家信上说，千里捎书只为墙，让他三尺又何妨，万里长城今犹在，不见当年秦始皇；譬如普希金在《奥涅金的旅行》中说，我现在的理想是有位女主人，我的愿望是安静，再加一锅菜汤，锅大就行；譬如泰戈尔说，我攀登上高峰，发现在名誉的荒芜不毛的高处，简直找不到一个遮身之地。譬如……时至今日，先贤们的这些警世格言全都过时了吗？我的回答是没有，永远都不会过时，因为它们是纯粹的精神食粮，肉体可以不断地消失，精神却是在不断地生长，无始无终，所以它不朽。

战胜自我，不停顿地挑战欲望，是世上治疗精神创伤的最好的秘方。

我想起婴儿出生时，往往是攥着拳头降临这个世界，仿佛想牢牢抓住什么，而人们将死时，往往是两手一松，气绝身亡——到头来什么也没抓到，就撒手归西了。这两个场景人们并不陌生，可以说习以为常了。但它蕴藏的深奥内容却常常被我们所忽略。最后，我愿意用歌德的话来结束这篇小文：一切的挣扎，一切的奋斗，一切的呐喊，在上帝的眼中，只不过是永恒的安宁而已。

（陶　纯）

淡些欲念

人生活在世界上，不可能没有欲念。如果一个人什么欲望也没有了，心如槁木，万念俱灰，那么这个人也就完了，正如古人所言：哀莫大于心死。一个社会，如果搞禁欲主义，骨子里总是存天理、灭人欲那一套，那么社会的发展也就失去了原动力，整个社会就会变成一潭死水，失去活力。但是人的欲念也有度的问题。如果一个社会放纵人的私欲，这欲念就会变成一种可怕的贪欲。一个人欲横流的社会是没有什么希望的，正像浩荡东去的大水，如果不加引导，就会变成洪灾一样。

人欲横流的社会会产生诸多假丑恶。有的人骨子里就是信奉"玩的就是心跳"、"过把瘾就死"。而作为高尚的人类应该拥有的远大理想、崇高信念和艰苦奋斗精神则渐渐淡化，个人主义、拜金主义、享乐主义占了上风，对金钱、美色、权力、饮食的贪欲，孳生了一群诸如愚昧、凶残、顽固、专横、腐败等丑恶的畸形儿。

我们的古人对放纵欲念曾有诸多警戒。唐朝魏征在著名的《谏太宗十思》中第一条就是"见可欲，则思知足以自戒"。陆游诗云：人若不知足，贪欲浩无穷。朱熹给胡铨的诗云："世路无如人欲险，几人到此误平生。"司马光在《训俭示康》中说得很深刻："君子多欲则贪慕富贵，枉道速祸；小人多欲则多求妄用，败家丧身。"再古一点，孟子说："养心莫善于寡欲。"古人的良言，证诸古往今来的事实，贪官、窃贼以及嗜赌者，无不与贪欲过甚有关。或者说，那些违理、违德、违法之事都与庸俗的贪欲、卑下的物欲有关。

诸葛亮有名言：淡泊以明志，宁静以致远。人的一生在历史的长河中只是稍纵即逝的一瞬，可生活的旅途又是漫长的。无论成功与失败、顺境与逆境，都要守住自己，保持宁静的心态，不要让过多的欲望困扰自己，更不能被邪乎的欲念搅昏了头，以至走上邪路。其实，一个人要把生活的基点放在依靠诚实的劳动创造人生幸福上，把平静安宁作为物质和精神生活的至高境界。人在事业上当然要有所追求，但在生活上却要有一种知足常乐的心态。苟非已有，决不贪求。

（吴汉卿）

荒诞的证明

　　家住合肥的小乐是一名高中生，平时除了看书学习，就是上网：2000年年初，小乐在父母的安排下准备出国留学。他的心情很激动，视频网聊的时候，忍不住告诉了网友小高，小高得知小乐要漂洋过海，流露出恋恋不舍的语气，邀请他说："我想请你吃个饭，算是为你送行吧。"小乐感动于网友的热情，欣然应允，让他没想到的是，这顿饭差点儿把自己的命给吃了。

　　这天晚上，小乐如约出门，正准备打的往饭店走，看见小高远远地向他招手："过来吧，我表哥有车，正好送我们一程。"轿车一路疾驰，小乐突然感觉不对劲儿：这车怎么往郊区开？这时，小高露出了真面目，掏出一把匕首按在小乐胸前，说："对不起，我表哥想搞点儿钱花花。"

　　深夜，小乐的父母接到一个陌生电话，对方恶狠狠地说："你儿子被绑架了，赶快；准备50万元赎金，否则撕票！"夫妻俩差点儿晕厥，赶紧报了案。案件侦破并不复杂，小高一伙很快落网，然而，让办案民警疑惑的是，本案的主谋，也就是被小高称为"表哥"的小苏，不仅不缺钱，而且是个地地道道的"富二代"。那么，他为什么要为了钱铤而走险呢？

答案令人瞠目结舌。原来，小苏的父亲是当地有名的商人，几十年前白手起家，经过奋斗，如今家产近亿元，他一直希望儿子能够像自己一样有本事，经常教育儿子要胸怀大志，将来干一番大事业。遗憾的是，小苏似乎并没有继承父亲优良的基因，他厌恶学习、逃课、迷恋上网，跟社会上的不良青年混在一起，还被派出所拘留过。他的父亲恨铁不成钢，起初是又打又骂，见小苏毫无悔改，渐渐心灰意冷，对儿子不管不问，视其为空气。小苏开始生活在父亲鄙夷的目光中，每日战战兢兢。更令他崩溃的是，由于父亲把他的零花钱从每月一万元降至一千元，女朋友对他日益冷淡，抱怨他没出息，只能靠有钱的老爸活着，成不了什么大事。小苏的内心如江翻滚，他发誓要"干点儿大事"证明自己，让鄙视他的父亲和女朋友瞧瞧！如果小苏就此浪子回头，应该是千金难买的事情，但谁也没有想到，他选择证明自己的途径竟然是绑架。

上面这个故事，固然有家庭教育的问题，但是酿成悲剧的主因，还在于当事人极端而脆弱的心态·，证明自己不是毁灭自己，选择向上的途径、智慧的方法，才是真正的证明，反之只会造成一场场荒诞的悲剧。血气方刚的年轻人，请把证明自己当做昂扬向上的动力，而不是意气用事般的自我毁灭。

（朱　晖）

做人的格局

　　一个人的格局由他和他的朋友组成。自然，也由他和他所使用的东西、所食用的食物，甚至所热爱的服饰和乐曲组成。一个人坐在那里看书、吃饭、沉默或者是说话，其实就是一种格局。

　　做人的格局有大小之异。

　　偷东西的那个人对他自己的孩子是慈爱的；杀人犯最后把器官捐献出来，他拯救了另一个人的生命。我们不能粗暴而简单地命名他们就是坏人。但是，同样的一个人，选择做一个小偷来满足私欲或是达到目的的格局是小的。因为，他在通向获得的道路上忘记了耻辱，为了目的而不择手段；同样的缘由，不论是纠正公平还是突然爆发，忽视别人的生命，偏执地杀死别人并最终赔付自己的一切的人，格局也是小的。

　　格局总是和一个人的经历相关。贫穷过的人才会知道珍惜食物；受过伤害的人才会想尽办法避免挫折。

　　看电视新闻，知道大千世界里，我们不可能要求每一个人都像八十岁的老人一样看破世事心态淡然。但是，格局却是在很小的时候就可以养成的，由此不断扩大。

真正破坏自己格局的不是这些过往，而是内心里的迷失。譬如一点一点迷失在物质里，从贫穷开始的某种占有欲望，从偷窃开始的某种无序竞争，从炫耀开始的某种浅薄虚荣。这些被物质所迷惑、所包围的世俗生活是可怕的。这些迷失在物质里的人，已经丧失了作为个人尊严的内核，成为这个世界上被物质统治的一种动物。这样的人，不管他走到哪里，他的格局的小都会成为他致命的牵绊。

我有切身的体验，贪婪和懒惰常常会把一个善良的人逼成小偷。

我的朋友唐胖子就是这样的人。他是一个有才华的诗人，在网上认识了一个女人，疯狂地给人家写诗。后来，他突然扬眉吐气，买了一套小房子。见面吃饭，见到他抽上好烟，说着我们都没有去过的酒店的名字，在诗歌里列举一些洋品牌，一副无比奢华的样子：在和我私下相处的空间里，他露出卑鄙的人性，说自己如何用诗歌把一个有钱女人虏获。

我觉得他要完了，很友善地劝解他说："如果你真像原来说的那样，喜欢诗歌，就要有独立的精神。"在丰富而生动的物质诱惑面前，我自己都感觉到我的话多么苍白和弱智。

唐胖子其实并不胖，他有标准的好身材。但是，多年不见的他，终于成功破坏掉别人的家庭以后，便不再写诗了，做什么不得而知。只是觉得他一脸的暗淡，像一个吸毒犯，当年的阳光早就抛弃了他，只剩下一个空壳。

他是一个聪明的人，却因为格局太小，过于没有定力，迷失了自己。

每一个往目标行进的人，都有可能遇到路边的野花、蜂蜜、美女蛇、极大的荣誉和合乎内心的其他诱因。人也不可能像被种在稻田里的秧苗一样，被一行又一行的规矩完全控制，行动不得。犯错误、小气、好色、贪吃都不是致命的。若是不过分，这些缺陷，甚至是我们以后忆念某些旧友的深刻印记。

只是，多数人因为自己的格局太小。承受不住诱惑，一点点地把积累的良心和德性丢掉，最后只剩下空洞的躯壳。是的，最后来衡量我们的不是文笔的好坏。不是衣服的光鲜，不是阅读书籍的多少，而是我们做人的格局。

（赵　瑜）

"80" 后CEO的坠落

他是身家过亿的"80后"CEO，他曾捧红歌曲《老鼠爱大米》《香水有毒》，他是国内知名网站"分贝网"的创办人。就是这样的一个曾经被人羡慕和吹捧的"年轻人成功典范"，却因创办涉黄网站走向坠落，于2010年1月3日被捕。

他叫郑立，1982年出生，重庆人。从四川大学物理系毕业后，郑立在电脑城做过最底层的维修：拿着一把螺丝刀，挨家挨户地敲门修电脑。

2002年，郑立认识了一个叫香香的女孩，女孩渴望成为歌星。郑立发现，拥有歌星梦想的网友非常多。这个发现，让郑立看到了商机：如果给这些音乐发烧友提供一个发表自己作品的平台，让普通的网友实现自己的歌星梦想，会不会受到网友的欢迎？

认真思考以后，郑立认定做这个音乐网站肯定有前途，于是他以自己为人制作宠物网站挣到的两千块钱为资本，投资成立了163888音乐网。网站通过向用户收取会员费实现盈利。

郑立的想法果然得到了市场的认可。《老鼠爱大米》等一批歌曲迅速红遍网络。163888音乐网成了当时国内最大的音乐门户网站，并改名为"分贝网"。到2006年，网站注册用户达到1200万，分贝网获得"中国最佳原创音乐网站"和互联网最具活力奖等荣誉，同时，多个国际风险投资商共为公司投入数千万元资金。郑立被称为身家过亿的"80后"CEO。

然而，随着网络的发展。2008年6月，"分贝网"的经营出现了问题，音乐网站经营每况愈下，外资的"风投"也出现了问题。

郑立不甘失败，他看到别人经营视频聊天网站在很短时间内就挖到了"第一桶金"，便和自己过去的合作者戴泽焱找到刘峻松要求开发Flash视频软件。软件开发完以后，二家公司便开始了运作，具体分工是：视频网站的技术由刘峻松负责，郑立、戴泽焱负责网站的经营和管理。到12月份，三个人分别以三家正规注册的公司签订了一份视频聊天室的合作协议。

郑立经营的公司有严格的协议分工：刘峻松提供视频聊天软件的技术，戴泽焱和郑立提供网站的架构，公司有专人负责招募表演的主播小姐。

为了能扩大影响，郑立等人想到了广告联盟，利用广告联盟的广告效应，点击率不断提高。他们以色情视频聊天网站为基础，以广告联盟为平台，利用淫秽色情网站的流量大力推广视频聊天网站，通过视频网站进行淫秽色情表演，从中牟取利益。仅半年多的时间，就获暴利1980万元。

在看守所，正等待法律审判的郑立很后悔，他说："作为一个年轻的企业家，社会责任感是不能丢的。既然触犯了刑法，就坦然面对，我认罪服法。真的很后悔。"

由曾经的创业明星和成功偶像，到如今的锒铛入狱，郑立给人许多深思。"社会责任感是不能丢的"，这是做人最起码的道德品质。如果没有责任心，就丧失了对自己和他人、对家庭和集体、对国家和社会所负担的认识、情感和信念，以及与之相应的遵守规范、承担责任和履行义务的自觉态度。责任心与自尊心、自信心、进取心、雄心、恒心、事业心、孝心、关心、慈悲心、同情心、怜悯心、善心相比，是"群心"灿烂中的核心。由此可见，责任心是健全人格的基础，是能力发展的催化剂，没有责任心，成功就无从谈起。

（戚　雪）

财富仍然离幸福很远

（一）

赚钱以及把钱花出去所获得的，有时只是一种方便，而非幸福。

譬如买车与手机，好处是代步与吸纳传播音讯，把一个人很快地从甲地运到乙地乃至庚地辛地，还能及时和很多人谈话并听取他们的意见。简言之，可以多办事，但不一定和幸福有关。坐车幸福吗？如果不论效率，它与在家里坐沙发无甚差别；打手机更谈不上幸福，它不是赏花与吃饺子。虽然有人站在马路上欣欣然以手机通话，貌似幸福，可能事实并非如此。

有人不想多办事，也不想到哪里去以及跟别人谈话，那样会妨碍他们宁静的生活。汽车、手机对他们属于累赘，不如书与琴棋有用。有些人做了许多事情，但不是借助拚命打手机以及开车游走完成的。乾坤在手岂不比手机在手更好？就是羊毫在手糖块在手乃至小人书在手也比方向盘在手更愉快包括安全。因为前者乃享受，后者是劳役或伪享受，与幸福无关。

（二）

人有时不知道自己到底要什么。

如果把一个人的消费愿望摊开，就可能发现：广告导引占三成，名牌之类；模仿他人占三成，譬如对中产阶级生活方式自觉不自觉地模仿；还有三成是实现童年以及青少年时期未遂之愿。在此，潜意识产生了作用。人本能的满足只占一成，饮食男女而已。

所以，日日杯觥并不幸福。因为广告导引与追随潮流所满足的只是转瞬即逝的虚荣心，证明他已经成了某种人，譬如富人，证明完了也就完了，无它；而满足童年的愿望属于今天多吃几个包子填充去年某日的饥饿，满足的只是一种幻像；而本能的满足，只需一箪食、一瓢饮、一位贤惠的女人和一张竹榻。

但人们不甘心简朴，虽然简朴离真理近而离虚荣远。人用力证明自己是重要的，于是以十分的努力去满足一分的愿望，自然这与幸福无关。

（三）

如果有钱并有闲，想从食色层面提升并扩展自己的幸福，则需要文化的介入，或者说，文化限制着人的幸福。尼采说："我发现了一种幸福——歌剧！"对与古典音乐无缘的人来说，歌剧则不是幸福，你无法领受《图兰朵》之中"今夜无人入睡"带来的视听圣餐。明仁天皇迷恋海洋微生物，丘吉尔迷恋油画，爱因斯坦迷恋小提琴，是大幸福，也是文化上的幸福。他们也是有钱的人，倘无文化，也只能蹈入口腹餍厌之途，不会有别的。

一些有钱人易烦恼，因为他们的消费与性格有关，与文化无关；与面子有关，与愉快无关；与时尚有关，与需要无关。

（四）

不久前，我假道太行山区远游，见到那里的农人希望到年底能添一头驴或牛，帮助运输或种地；到了县城，酒桌上在争说当科长或两室一厅的住房；在北京，听到的是朋友间交流打高尔夫球的体会；而到了深圳，几位巨富则在比较各自的健康状况：有关甘油三脂、高密度脂蛋白胆固醇（HDL）的话题。

我想到，太行山农人的甘油三脂和HDL一定最好，让深圳的富豪倾心。目前，在深圳这座人均年龄最年轻的城市，高血压、高血脂和高血糖的发病率却居全国第一。

这让人想起海因里希·伯尔那篇小说，一个渔夫在海边晒太阳，有游客劝他工作。此文为人熟知，内容我不重复了。总之人的努力常常会使目标回到原地，换句话说，人也许不知自己的幸福在哪里。

有时，人只为温饱而工作，却没有办法去为幸福而谋划，因为谋划的结果大多是财富或满足，这离幸福仍然很远。

看来，幸福太简单，简单到我们承担不了。

（五）

财富积累的速度如果和人的品味修养的速度不成正比的话，人就成了"享受盲"。

说实话，在静夜暗室，谁知道茅台醇厚何在？宋版书雅洁何在？更别说深窥"扬子江心水，蒙山顶上茶"这种精微的妙趣，包括体味不出"长沙城隍庙的臭豆腐就是好吃"这种本真的滋味。没时间、没心情，也没鉴赏力。当今缺少像王世襄、金受申、老舍一班集雅玩、游戏与享受于一身的生活大师，他们才是生活的主人。

有人的钱只有两样用途：吃饭与吃药，或者说盛年吃饭、暮年吃药。

财富来得太快了，使许多人准备不足。他们背着财富的重负，跋涉于投奔幸福的路上。幸福离他们还是很远。

（六）

为什么有时穷人离幸福反倒近些？

如同朴素离美很近那样，穷人的愿望低而单纯。人在风雪路上疾走，倘遇暖屋烤火，是一种幸福。把汗湿的鞋垫抻出来，手脚并感炉火的甜美，这与封侯何异？其时，倘有热茶与点心，更让人喜出望外。这样的例子太多，如避雨之乐，推重载之车上坡幸无顶风之乐，在街头拣一张旧报纸读到精妙故事之乐，在快餐店吃饭忽闻老板宣布啤酒免费之乐，走夜路无狼尾随之乐……穷人太容易快乐了，因为愿望低，"望外"之喜于是多多。有钱人所以享受不到这些货真价实的幸福，是因为此类幸福需要风雪、推车、拣报纸以及走夜路这些条件。

穷人的幸福差不多是以温饱不逮为前提的，幸福自然易于翩翩光临；满足了温饱，幸福却变得悭吝，因为它的口味升高了。

除非你有意过一种简单的生活。

（七）

贫穷离幸福很远，财富离幸福仍然很远。前者需要机遇及韧力，藉之外物者多；后者则需要仰仗心灵的纯净和情操的醇厚，靠内力实现，别无他途。

（鲍尔吉·原野）

失败亦是财富

如果说失败有时会毁灭一段职业生涯，塞格·齐曼即为其中一例。1984年他奉命负责扭转可口可乐公司在与百事可乐公司竞争中的劣势。齐曼的策略是更换可口可乐的配方，以"新型可口可乐"的标签上市，然而他却错误地未让老可口可乐继续在市场上占有一席之地。

这一做法激怒了那些口味不改的老顾客，结果，新可口可乐成了该公司损失最大的一次新产品开发。仅仅79天之后，老配方的可口可乐又重返超级市场的货架，而齐曼也只好卷铺盖走人。

失败让人蒙羞，使人形象受损，但它绝非人们想象的那样糟糕。七年之后，齐曼又重返可口可乐公司，他依然自信，依然踌躇满志，不久便重塑辉煌。

很多人都曾犯错、遭辞退、降级，或者不知怎么失败了，尔后又重新崛起，甚至返回原职位，齐曼只是他们当中的一个。当今娱乐业之王迪斯尼在就业之初就曾被"炒鱿鱼"；而他与汽车大王福特一样在功成名就之前，都曾历经生意破产的厄运。

即便你从未失败过，难保以后不会。商海滔滔，瞬息万变，危机四伏。置身其中，偶尔"翻船"和落水实在难免。哈佛商学院约翰·科特教授说："我可以想象，20年前主管们在讨论是否聘请某人担任高职时，倘若有人说：'这家伙32岁时有过一次惨败。'其他人便会说：'不错，这可是个污点，不能对他委以重任。'但我相信，这群主管今天再讨论一个人选时会说：'我担心的是这家伙从未失败过。'"

微软公司总裁比尔·盖茨常冒失败的风险，他也喜欢雇佣那些有过失败经历的人。"这表明他们勇于冒险，"他说，"经历过失败的人往往随机应变的本领更强。"

那么，是什么使得一些人跌倒后一蹶不振，而另一些人却能东山再起？一些行为学家和经历过失败的管理者提供了一些可供我们参考的答案。

1．失败乃成功之始

富有传奇色彩的橄榄球教练约翰逊对失败可一点不陌生。1989年他留在达拉斯橄榄球队的第一个理由是因为他在这里有过进1球，失15球的纪录，仅比他刚开始教练生涯时的一场0比10的比赛成绩稍稍光彩一点。但约翰逊说："我的确拥有全国橄榄球协会中最糟糕的球队，但我们有重振雄风的决心。"

约翰逊对失败总是轻描淡写，他不会对场上队员说"不要失球"，而是说"保住球"。他不会说"不要失败"，而是说"要成功"。他的赛后会议主题都是谋划如何赢得下一场胜利，"所以我们能很快将失败抛诸脑后。"最终，他的球队赢得了两届超级杯赛的冠军。

遭遇失败时人往往失去自信，但那些适应力强的人却仍充满信心。宾夕法尼亚大学心理学教授塞利曼对30种行业的雇员进行过研究，发现那些东山再起者都是些乐观主义者，他们认为"我的困难是暂时的"，而悲观主义者往往一蹶不振，因为他们认为自己一败就会涂地。

2．勇于冒险和尝试

齐曼因事业受挫离开可口可乐公司后，有14个月未跟该公司任何人来往。

"那的确很孤独。"他回忆说。但他并未将自己幽闭起来，而是与人搭伙开了家咨询公司。他在他家的地下室里，借助一台计算机、一部电话和一台传真机，赢得了一批商业客户，甚至包括大名鼎鼎的微软公司也来上门咨询。齐曼的信条是："跳出常规思维，勇于冒险尝试。"

终于，可口可乐公司也来向他咨询了。齐曼说："我做梦也未想到公司会请我回去。"后来可口可乐的主管告诉他，他们需要改变死水一潭的现状。公司总裁罗伯特·戈芝塔也承认："我们一向不容忍失败，结果死气沉沉，缺乏竞争力。只有你在尝试，所以才会跌倒，我们需要这样的人。"

3. 树立明确目标

60年代，莱斯利是世界十大网球手之一。"我的目标并不是世界冠军，而是要在温布尔登中央球场上比赛，"高大健壮的莱斯利回忆说，"每次训练时，我都想象自己参加温布尔登的决赛，闻着芳草的气息，听着如潮的欢呼声。"1969年，莱斯利终于如愿以偿，进入温布尔登中央球场比赛，并在那里将前世界冠军拉弗击败。

20午后，莱斯利成了施奎宝公司的经理，但在该公司与另一公司合并后，他被排挤。他暂时告退，用一年的时间在普林斯顿大学进修宗教和哲学课程，但他从未放弃早已定下的做总裁的奋斗目标，终于，1994年他登上了史密斯克林公司的总裁席位。

4. 危境中奋进

里克·米勒很早就知道，世事总难尽如人意。他生长在一个破碎的家庭中，父亲是个嗜酒者。

到1989年，米勒已成为工商界的顶尖人物，因其擅长扭转公司颓势而扬名。

他应聘挽救濒临破产的王安电脑公司，但该公司的问题比他想象的要棘手得多，虽经奋力拯救却起色不大，米勒只好承认失败。为保住公司业务，他卖掉了这家公司的生产企业，自己离开了这家公司。如今，尽管王氏公司与先前规模相比仅剩空壳，但仍有利可图，米勒已无所憾。

童年时代的逆境有助于提高人们适应环境及遭遇失败后重新振作的能力。屡败屡战的人深知自己不能控制世界。成功之士视失败如青春期：尴尬、不安，但却是迈向成人期的不可或缺的经历。

今天，米勒已是美国电话电报公司（AT&T）的最高财务主管。当该公司的总裁罗伯·艾伦首次昭见他时便说："我认为你在王安公司的经历是极为有益的。"在电话电报公司，米勒对那些担心失败的年轻雇员说："你们是否能够对着镜子说'我已竭尽全力'，如果能够，无论结果如何，都是成功。"

5. 失败有时是一种机遇

马库斯是新泽西州一个贫苦的俄罗斯木匠之子。布兰克在纽约贫民区长大，曾与不良少年为伍，在他15岁时，父亲去世了。"我带着这种观点长大：生活将会充满风暴。"布兰克说。

1978年，马库斯和布兰克在洛杉矶一家五金店工作，可不久，一个新老板将他们解雇了。翌日，一个投资商朋友建议他们自己经商。"当我不再沉浸于痛苦之中后，"马库斯说，"我发现这主意并不疯狂。"

马库斯和布兰克着手开设他们曾担心无法立足的商店：最佳服务、最大选择余地、规模庞大、讲求实惠的批发商店。今天，他们的这种仓储式商店已成为全球众多商店效法的楷模。

6. 失败使人反省自身

专为一些高级主管提供咨询的心理学家斯托布认为：失败的头号原因是缺乏自知。因此，你必须走出自我，吸收他人之见。

"我从不知自己对别人的影响如何。"美国捷运公司的布丝琪说。

4年前，她曾是一个分公司的总经理，当时有5名雇员被发现故意隐瞒了价值2400万美元的亏损，公司认为她应对此事负责。究其原因，布丝琪是个严厉的完美主义者，被人认为挑剔而不留情面，因而使得下属对她过于畏惧而不敢报告坏消息，只得撒谎。

布丝琪丢掉了经理的职位，但捷运公司给了她一个机会，让她拯救该公司属下的一个分支机构。起初她本想拒绝这个机会，但要证明自己的愿望使她一跃而起，接受任命。

"我意识到我必须了解很多东西，我必须学会体谅他人。"她说。如今，她已变得较有耐心，愿意倾听他人，同时还学会了鼓励下属报喜也报忧。"无论利润数字是好是坏，我都要问一个为什么，倘若我以前也如此做，也许早就发现了那个分公司的问题。"

布丝琪现已成为捷运公司的副总裁，她以前的上司赖德说："布丝琪属于那种虽事业受阻，但仍有勇气接受困难挑战的人。太多的人只求找个安稳，结果只是固步自封，一事无成。"

正如莎士比亚所说：逆境使人奋进，苦尽才能甘来。失败挽救了布丝琪，激励了马库斯和布兰克，把米勒带到了事业顶峰，使齐曼成为创造新天地的卓越之才。如果你还未曾失败过，为了你的事业，你或许也该尝试一下失败。

（杨继宏　编译）

行走在目标之中

　　作家茨威格寓居巴黎的时候，罗丹曾邀他到其工作室谈论艺术，话没讲几句，罗丹就开始对着一尊看上去已完工的雕塑进行加工；这儿的线条粗了点，那儿的轮廓还不甚清晰……罗丹一边自言自语，一边拿着泥刀进行修补。待基本满意准备出门时，一眼看见茨威格坐在椅子上，才想起他是自己请来的客人，赶忙对他表示了一番歉意。然而茨威格却在那一刻学到了他一生中最重要的东西，那就是对工作的热情以及专心。

　　热情是兴趣的伙伴。如果对一件事不感兴趣，不仅做起来会感到枯燥无味，而且维持不了多长一段时间就会冷下来，更谈不上取得成就。但是有了兴趣、有了热情而不专心，也是干不出多大名堂来的。不专心，就会分散注意力；不专心，就可能发现不了问题，找不到兴奋点，热情也会慢慢降低。

　　有一位朋友，智商绝对在我之上，但他有一个很要命的缺点，那就是做什么事都保持不了三分钟的热度。他一会儿尝试写作，一会儿又热衷于摄影，一会儿想着"下海"，一会儿又玩儿起了股票……刚开始时热情高涨，可要不了多久热情就会转移。世上哪有立竿见影的事，只要再坚持一下，兴许就会见到成功。比如写作的人要耐得住寂寞，而他偏偏是个喜欢热闹的人，屁股坐不住板凳，而且今天的写作已不像从前，诗人后面不可能再跟着漂亮姑娘，作家的号召力也远远低于官员和商人……这么一来，他便不再专心。他的写作基础比我好，可是我能坚持十年矢志不移，发表了五十多万字的作品，却没见他有什么进展。经商吧，轮到他干的时候，市场该有的东西都有了，并且多得卖不出去，结果自然又是没能坚持下来。改玩儿股票，两年下来没"赢"没"输"，得失基本相抵，只是搭进去许多工夫，外加精神上的忽喜忽悲……接下来他又不知要对什么东西感兴趣。其实以他的智商和才情，如果，能定下心来，专注于某一件事，也能有一笔不小的收获。

现在像他这样的人不是很多吗？他们做什么事都是浅尝辄止。试想罗丹要不是那样"精雕细刻"，他会成为一个伟大的雕塑家吗？在浅尝辄止的人那里，已有的常识就能束缚他的手脚。假如他是一个搞物理的人，他当然不会把物理同美学联系在一起。然而今天却有一些杰出的物理学家探寻出物理同美学的精妙联系，他们号召；"让我们来关心美吧……"他们深信美是探求物理学中重要结论的一个指导原则。以下只要他们能够专心致志，就能突破原有的常识，最终证明这一做法的先见性。

世人另外还存在着一个毛病，那就是虚荣随风。他们对日新月异的世界保持着一种本能的敏感，不甘落伍，不甘心被时代所抛弃，世面上一旦出现新的诱惑，他们就会把刚刚选定的东西抛弃掉，他们始终浮在生活的表面。外界的诱惑很多，事实上只有那些能做到有所不见有所不动的人，只有始终行走在目标之中的人，才能取得最后的成功。

而行走在目标之中，则要求你始终如一，持之以恒，要做到不为外物所扰，内心永保一片澄明。行走在目标之中，是一种坚毅，是一种执著，是卧薪尝胆，是破釜沉舟。

（胡　平）

皮袍下面有"小"

  在大学校园，自然以"天之骄子"自居。理想丰富，志向远大，平时当然注意刻意修身，每每以伟人为模范，视其行为仿效之。但有几桩不拘"小"节的事情发生在我身上后，我就觉得某些行为有愧于象牙塔内的"天之骄子"之雅称，当然离我刻意模仿的英雄人物的高风亮节更是相去甚远。那些丑陋"小"事常常在夜深人静之时浮现脑海，令我颇感惭愧，如鲁迅先生在《一件小事》中所说的"甚而至于要榨出皮袍下面藏着的'小'来"，因而常感慨修身立己之难。

  某日去3号食堂打饭，那时还未实行微机售饭，学生都用饭票。我让师傅打了一份土豆辣椒，当时非常挤，我还没掏出饭票就被挤了出来。看着打饭的窗口如此拥挤，师傅忙不过来，心想那位师傅一定忘记收我饭票了，趁机溜之不就可以省点儿饭钱？乃转身欲溜，忽闻身后师傅一声大喝："哎，那位同学，你还没给饭票呢！"当时正挤着打饭的同学全听见了，我感到自己的脸一阵发烧，好像有无数只眼睛看着我。我只好硬着头皮走到窗前，向师傅辩解说我忘给了，师傅没吱声，我老老实实地交上饭票扭头就走。这时我好像听到了有人指着我说："这人怎么穷得这样，打饭都不给钱……"羞得我恨无地缝可钻，落荒而逃，惶惶如丧家之犬。当时我真是丢尽了脸面，好几天都是躲着人走，不敢去3号食堂，更觉得无颜见那位师傅。想想不过一块钱的饭票，省了也富不了，况且自己在同学面前从来不显吝啬之相，那天是犯了哪门子神经做出如此小人之举？平时我也读过不少论述大是小非的书籍，也听过不少老师家长之谆谆教诲，怎么到了诱发自己身上"小"的条件成熟时就不顶用了？思来想去觉得自己真是成不了大器，还是老老实实学学做人吧。

好景不长，又是一个令人尴尬的"某日"，我在大学附近一小卖部买东西，当时身上没零钱，只好给了售货员一张10元的整钞。他找回零钱，我接过钱仔细一数，发现找多了，偷偷窥视他的表情，觉得他肯定没察觉。于是楚楚衣冠下面的"小"又开始蠢蠢欲动，"小便宜不赚白不赚"，心里暗暗鼓劲——当时我已经被那点蝇头小利之诱惑冲昏了头脑。乃朗声道："找得整好。"我正转身想溜。只听售货员说："可能找错了吧？"我有点慌张地说："没错吧！"他说："拿过来，我再数一数。"我只好心怀鬼胎地把钱递给他，他数了一数，把多找的拿了回去。这等不光彩的"小"事又一次让我感到了脸红，我又一次落荒而逃。但让我稍感欣慰的是，他的目光里并没有什么嘲讽挖苦的意思，也许这种贪图小利的人他见的多了，我有点庆幸地想。

又得给自己开思想总结会了。想自己堂堂一个大学生竟屡屡干出这种鸡鸣狗盗之事，真让我感到无地自容。读书十余载，连不损人利己诚实守信的做人原则都明知故犯，难道我就只知道读死书不知如何真正做人？我不愿承认这种不争气的事实，更不愿承认自己不会做人。但是虚荣归虚荣，我还得老老实实转过头来去面对现实。

小便宜的得来，是以牺牲自己的人格和尊严为代价来实现的。几块钱的小利有可能弄到手，但是自己的人格和尊严却在别人的心目中大打折扣。现实生活中，让别人改变对你的看法是一件非常困难的事，重塑自己的形象要比维护自己的形象付出的代价要多得多。我们理应珍惜自己的声誉、人格和尊严。

反思自我，发现自己的脑海里过多地灌输了"利己"的指导思想，已经到了言必称利的极端，由此对这种随时在条件成熟时表现出的"小"持纵容态度，于是导致了我一次次脸红事件的发生。其实在商业社会，经济主体生存发展，就是其信誉在社会上的发展壮大。人活一张脸，树活一张皮。贪图小便宜者在我们身边并不是很少见，以前报纸上批评的免费出借的雨伞归还者寥寥、自助餐厅里宁愿吃不了也绝不少拿的食客、无人售报点报纸丢失严重等等足以考验和反映人的精神素质的事件，当时我看过之后还义愤填膺地大骂这些人精神猥琐，现在我对自己的这种"义愤"只好再次脸红了。那种能体现人的精神面貌的"优良环境"，理所当然的是诱发我"小"的良机。多亏这种良好的机会没让我给撞上，否则我就会成为报纸上批评的对象之一。

也许我还可以厚着脸皮把自己归于才华横溢一类，但是这些"小"事折射出自己的卑琐的灵魂将毫无疑问地影响到个人的发展。人需要有才华，但同样需要甚至更需要一种正直、磊落的精神。才华如砖块，而高尚的精神犹如钢筋水泥，它将才华的砖块一块块地筑成事业的大厦。千里之堤，溃于蚁穴，我们身上不时暴露出的"小"就像那些蚁穴，随时都可能将事业的大厦击垮。现在我们想赚"小"便宜，等有机会后就想赚"大"便宜了。现在赚点小便宜不过是丧失点人格尊严什么的，但是工作时的贪心膨胀想得到的目标却是与法律的尊严相对抗的，与国家、人民的利益相对抗，到那时东窗事发，也许想不到是因为自己现在没有认真反思身上时时露出的"小"来。这必须引起我们青年人足够的警惕。

"勿以恶小而为之"。

（刘善斌）

溺爱，孩子健康成长的腐蚀剂

耳闻目睹当今一些父母对孩子的溺爱，使我想起了"新文化运动的旗手"陈独秀的教子方法。

大约在陈独秀创办《新青年》杂志的时候，他把儿子延年、乔年两兄弟叫到上海，寄宿在《新青年》发行所亚东图书馆店堂的地板上，让他们白天在外工作，谋生活以自给。"食则夸饼，饮则自来水，冬仍衣夹，夏不张盖，与工人同作工，故颜色憔枯，人多惜之，而怪独秀之不忍也。"高君曼（陈前妻之妹，后为陈妻）向陈独秀"流涕不已"，托潘赞化说情，让两个孩子在家食宿。陈跟潘说："妇人之仁，徒赋子弟，虽是善意，反生恶果。少年人生，叫他自创前途可也。"艰苦的磨练培养了陈氏二兄弟吃苦耐劳、坚韧不拔的优秀品质，后来，他们能成为意志坚强的早期工人运动的领袖，不能不说与这种艰苦的磨练有关。

无独有偶，一代伟人毛泽东，在儿子毛岸英从莫斯科大学毕业回到延安后，也让他背着小米、菜籽、被子去吴家枣园上"劳动大学"，并把自己打过补钉的一套灰布衣服留给他，一再叮嘱他到乡下后，要与农民同吃、同住、同劳动。

伟人爱子之情可谓博大深厚，然而，他们却能一反常人"爱"子之切，有意让孩子在平常的生活中经风霜雪雨，去体验人世的艰苦与劳累，磨练他们的意志，锤炼他们的品格，使其终有所成，这恰是当今许多父母缺乏的远见卓识，尤其值得当今父母学习。孟子曰："天将降大任于斯人也，必先苦其心志，劳其筋骨，饿其体肤，空乏其身，行拂乱其所为，所以动心忍性，曾益其所不能。"即是这个道理。

"孩子是父母身上掉下来的肉"，哪一位父母不希望自己的孩子在爱的阳光雨露滋润下茁壮成长，生活美满幸福呢？而爱，正如一柄双刃的达摩克利斯之剑，它在向孩子闪耀着温暖的积极光芒的同时，亦透射出负面的消极的寒光。

许多父母在所谓"为孩子好"这一"爱"的前提下，过多地把爱铺洒在孩子身上，在平常生活中，宁肯自己节俭一点，也不让孩子亏了，孩子要什么给什么；家务活也不让孩子干，零用钱、压岁钱多得有了几位数；身上、脚上是全副武装的名牌……一旦听说要孩子接受一下艰苦的军训、劳动或其它体育锻炼，家长就焦急、寝食不安，真是"含在嘴里怕化了，捏在手里怕飞了"。这些都从另一方面影响了孩子身心与人格的健康发展。许多报道听起来令人难以置信：如有的孩子十几岁了还不知怎么穿衣、剥鸡蛋；有的不知怎么洗澡、买日常用品；有的花钱雇保镖、花钱请人代写作业、花钱请人代劳动；甚至有的认为大米是树上长的……这些近乎天方夜谭却实实在在地存在于我们身边的事，正是家长们蜜糖般爱的培养下的"杰作"，是典型的温室里的花朵。

父母爱孩子的主观意图是为孩子好，但是问题的关键是绝大多数父母"为孩子好"的想法、行为是站在自己的角度来看的：有的是自己一生辛苦，希望孩子过得舒服；有的因自己的人生理想未果，期盼孩子在"爱"的关怀下能够实现自己的夙愿；有的则完全是为了自身的虚荣与自私，希望孩子在他人面前出人头地……物极必反，孩子并没有按照他们"望子成龙"、"望女成凤"的设想走下去，有的甚至走向了反面。在这种溺爱之下，一些孩子的意志力薄弱，耐挫力脆弱，自立意识淡薄，娇气、偏执、孤僻、自私、狭隘，缺少责任感，缺乏爱心与宽容。

显然这些现象并不是父母都理解而且愿意接受的，在有些父母心中，认为现在生活条件好了，就应该让孩子从小生活得舒适一些。然而，古今事例证明，适当的艰苦磨练更有利于孩子的健康成长。"自古雄才多磨难，从来纨绔少伟男"，古人明鉴啊！

在这方面，发达国家的父母对于如何爱孩子，如何培养孩子给了我们有益的启示。

在美国，父母从孩子小时候就让他们认识劳动的价值，让孩子自己动手修理、装配摩托车，参加劳动，即使是富家子弟，也要自谋生路。美国中学生有句口号："要花钱，自己挣！"农民家庭要孩子分担家里的割草、粉刷房屋、简单木工修理等活计。此外，还要外出当杂工，出卖体力，如夏天帮人割草，冬天帮人铲雪，秋天帮人扫落叶。

在瑞士，父母从小培养孩子自食其力的精神。譬如，十五六岁的姑娘在初中一毕业就去一家有教养的人家当一年左右的佣人，上午劳动，下午上学。

在德国，要求孩子自己的事情自己做，家长从不包办代替。法律还规定，孩子到14岁就要在家里承担一些义务，比如要替全家人擦皮鞋等。

在日本，父母在日常生活中就注意培养孩子自理能力与自强精神。全家人外出旅游，不论多么小的孩子，都要无一例外地背一个小书包。要问为什么，父母说："这是他们自己的东西，应该由自己来背。"上学后，许多学生都利用课余时间，在外边参加劳动挣钱。大学生中勤工俭学非常流行，就连有钱人家的子弟也不例外，他们靠在饭店端盘子、洗碗，在商店售货，照顾老人，做家庭教师等挣自己的学费。

（李　扬）

敢问心中装的啥

一个人心中装的啥，是衡量其世界观、人生观的重要标志。

六十年代，县委书记的榜样焦裕禄其精神之所以感人至深，是因为：他心中装着人民，唯独没有他自己。

从焦裕禄到现今相继出现的孔繁森、李国安等一批党的优秀干部，都集中地体现着"心中装着人民，唯独没有他自己"这样崇高的精神境界。这是党的全心全意为人民服务宗旨的深刻体现。孔繁森说："咱是党的人，要以自己的行动证明，共产党是真正为人民服务的。"李国安说："共产党员就是要干为党立碑的事。"孔繁林两次进藏，在世界屋脊，或登高山，或涉深谷，或过草地，哪里条件艰苦，生活困难，哪里逢灾遇难，需要救援，哪里群众急盼党和政府关怀，哪里就有孔繁森的身影。在冈巴三年，他几乎走遍了全县的乡村牧区。在拉萨，他走遍了全市8个县区所有的公办学校和一半以上的乡办、村办小学；全市56所敬老院和社会福利院，他跑了48所。到阿里当地委书记，越野车载着他在面积相当于两个山东省的雪域高原上奔驰，全区106个乡，短短几个月，他就跑遍了98个。

到噶尔士门检查工作，听说有两位孤寡老人生活无着，百忙中的地委书记又踏进草滩，推开老人的家门，在土坯屋里留下了闪光的足迹。李国安35度边疆岁月，22载荒漠找水，一条15厘米宽的'钢围腰'陪伴他跋涉了千山万水，他的精神动因是"上不愧党，下不愧民"。

孔繁森、李国安等一批优秀人物是共产党人的代表，绝大部分共产党人同人民群众保持密切联系，和人民群众打成一片；想人民群众之所想，急人民群众之所急，心中装着人民。但是，现在有些党员干部的群众观念逐步淡化，最严重的甚至心中只有自己，唯独没有人民。一些干部高高在上，或满足于在办公室里上传下达，或忙碌于文山会海之中；或做表面文章，摆着架子；一些干部不停地奔忙于舞会、宴会、庆典之间，热心于迎来送往和各种应酬；一些干部口头上说要关心群众，心里想的却主要是自己的房子、位子、票子、妻子和孩子；还有一些干部利欲熏心，以权谋私，腐化堕落，为人民群众所痛恨和不齿。这些干部早已把人民群众抛到九宵云外。他们懒于下基层，懒于接触群众，懒于涉足艰苦的第一线，在他们的生活日记里，记载的是环球世界，去过哪些国家；中华名胜，游过哪些点；高级宾馆，住过哪几所，饭店酒楼，尝过多少家；舞厅弹子，潇洒过多少回。他们的足迹，常留青山绿水之畔，楼堂馆所之中，灯红酒绿之处，他们离人民群众是越来越远了。

心里装着人民，才能关心人民疾苦，真心诚意地为人民群众去谋利益。这应该是共产党人应有的思想和境界。即使在我国历史上，也出现过若干杰出人物，体察民间疾苦，以国家、百姓利益为重。屈原"长叹息以掩泪兮，哀民生之多艰"；李贽"但得苍生俱温饱，不辞羸弱卧黄昏"；范仲淹"先天下之忧而忧，后天下之乐而乐"；郑板桥不仅"雅斋卧所潇潇竹，疑是民间疾苦声"，而且"一枝一叶总关情"。这些无不体现一种心存百姓的高尚境界。古人尚且如此，今天，我们党的干部更应该心中装着人民，特别是在一些关节点上，例如，当群众有困难需要支持和帮助的时候，当个人利益同群众利益发生矛盾的时候，当款爷们和你觥筹交错、给你送钱送物送美女的时候，当面对歹徒行凶作案威胁群众的时候，当溺水者向你呼救的时候，你是否心中装着人民，为了人民的利益，勇于牺牲自我？因此，每一个党员干部平时不妨扪心自问，我的心中装的啥？

（吴汉卿）

"俸金以外都是赃"

最近几年，在如何加强干部队伍建设的问题上，最响亮也最得民心的提法是：反腐倡廉，勤政廉政。干部怎样才能做到一个"廉"字，我想清代人李嚼说的"俸金以外都是赃"这句话，是很有借鉴意义的。

李嚼是清代道光时人，他初入仕途时，担任的是福建省将乐县知县。到任的第一天，他第一件事就是把全家人召集在一起，向他们宣布自己订立的家规："只要我在官位上，俸金以外都是赃，家中任何人都不准利用我的名义接受任何钱财和礼物，更不许有丝毫的巧取豪夺而损坏我的名声！"为了说明如何严守这条家规，他又指着县衙大院内的两株桂树说："就连这两株桂树都是公物，谁都不许擅自折取一枝花！以后桂花该折时，也由公差收取出售，充作公用。"他说到做到，三年任期内，全家九口人全靠他微薄的官俸过日子，粗茶淡饭，生活很俭朴。三年任期满了，由于他克己奉公，政绩显著，正奉命等待升迁，但就在这时，他的顶头上司竟以要为他谋取一个好去处为由，向县里索取馈赠。他明知拒绝会遭报复，但仍然恪守自己的诺言，坚决予以抵制，同时主动放弃升迁机会，愤然辞去官职，回乡读书务农。

仅靠薪俸度日的廉官，古代有现代更有。早在李嚼之前的施世纶，就是这样一个典型。施世纶是在收复台湾立下大功的施琅的儿子，康熙时官至河漕总督。他身材矮小；五官也不端正，相貌很丑陋。他初入仕途时任江苏泰州知县，第一次晋见上司时，众上司都掩口而笑，他却正色道："诸位大人是笑我长得丑吧？不过我认为人有两类，一类是人面兽心，这种人十分可恶；另一类是兽面人心，这种人却对国家对人民有利。我虽然长得丑，但决心为国为民多办事，做一个兽面人心的好官和清官！"因为他敢做敢言，从不贪赃，政绩十分突出，所以升迁也快，一直做到官居一品的河漕总督。但他为官几十年，尤其是担任河漕总督这个肥缺期间，都是分毫不沾，仅靠薪俸度日，过着粗茶淡饭的布衣生活，连康熙皇帝查知以后，都感叹地说："施世纶真是天下第一清官呀！"现代这类官更多，众所周知的孔繁森、李润五等模范人物姑且不必说了，即以原太原市副市长贾鸿鸣同志为例。他身为高级干部，住房竟不如一般工人，他家常年的主菜，竟是土豆白菜；他家的电器，就只有一部彩电，连电冰箱都没有。有人问他怎么如此寒伧，他说："每月几百块钱工资，要维持四口人生活，只能是这个水平嘛。"他又说："像我这样的干部，仅靠工资能宽裕到哪里去？我算了一下，一个同我家庭人口和经济收入相当的干部家庭，如果不凭借职权搞一点名堂，大致也是我这样的生活水平。"由此可见，检验一个干部是否真正廉洁，"俸金以外都是赃"应当是块试金石，除此之外的什么标准，都是假的，都无法证明一个"廉"字。

但是如今许多干部不是这样要求自己，他们讲廉政，总认为只要不贪污不受贿，平日利用职权吃些喝些拿些要些，没啥大不了，论大节还是个"好官"，纪委管不了他，法律更奈何不了他。岂不知这许多"些"，早已与"赃"字结缘，即使到死也未因贪污受贿而犯罪，也无法成为清官廉官，人民群众仍有权对他们论短长。原因很简单，这就是他们曾拿了薪金之外的钱和物，这就沾上了"赃"味，就算不上廉了。

"俸金以外都是赃"，这话虽出自一个封建官吏之口，却是一条真理，是任何时代衡量官员优劣的一条重要标准。一个古代的封建官吏尚且都能高标准要求自己，我们的干部是人民的公仆，以全心全意为人民服务为宗旨，就更应该按"俸金以外都是赃"的标准廉洁自守。因此，为官者要廉，路只有一条，那就是老老实实地吃用自己的俸金，勤勤恳恳地做自己的"官薪阶层"。

（何兆基）

我的欠账单

多年来，在我心爱的笔记本中一直夹着一张我的无人知晓的欠账单。如今，欲将它"公之于世"，还得从头说起。

我正读初中的时候，一部反映部队生活的优秀中篇小说《高山下的花环》引起了社会、文坛的广泛关注。我也赶时髦地从书店购回了一本，又连续在两个晚自习熄灯后点着自备的煤油灯通读了一遍。书中的主人公连长梁三喜的高大形象深深地感染了我，特别是他的那张"32开笔记本纸的小半页，四指见方"的血染的欠帐单不时展现在我的面前。感叹之余，我联想到了自身的实际情况。三年前，我身染重病，家人为治好我的病四处求医，花费不菲。除了亲友资助外，家里仍负债3000多元。这个数额现在看来不算什么，在当时可是一大笔呀！这使得本来就艰难地供养着几个学生的家庭经济状况雪上加霜。父母被这笔债务压得整天愁眉苦睑，我在校读书也甚感身上包袱沉重。但是，作为一名学生，首要的任务是好好学习，取得优异的成绩，这是对亲友的最好的报答和安慰。我突发奇想，何不向小说中的英雄学习，也为自己列张欠帐单？主意拿定，立即付诸行动。这样，我便亦步亦趋地拟了一份我的欠帐单，并将其郑重地夹在笔记本里，意在牢记这笔因我生病造成的债务，艰苦朴素，珍惜光阴，勤奋学习。

这张欠帐单醒目地记载着家中的经济困难，透视着父母艰辛劳作的身影。每当学习中遇到困难而生懈怠之思时，每逢难抵外界的诱惑而有奢侈一下手中的零花钱之想时，我就会自然而然地想到我的沉重的欠帐单。于是所有的错误思想立即被赶得无影无踪了，肩头也顿时增添了一份力量。

带着这张欠帐单，我考上了重点高中。苦读了三年，因考试失利未能考中理想的大学，仅被一所专科学校录取。但是，当好心的老师惋惜地让我继续补习以待来年再战时，被我婉言谢绝了。主要原因还是来自那张欠帐单，它提醒我，年迈多病的父母已无多大力量再继续供我读书了。

如今，家中的债务早没有了，欠帐单已完成了历史使命。但作为一种"成长中的烦恼"的历史见证，我仍舍不得丢弃它。每隔一段时间拿出来审视一番，它能把我牵回到过去的艰苦岁月，警示我更加珍惜现在的生活。

（曲向阳）

走出不平衡的心理误区

　　现实生活中，每个人的内心世界或多或少的都有一些不平衡心理。某人赚了钱，某人升了官，某人买了车，某人出了国，某人盖了别墅……我比他们强，可我却不如他们。对比产生了不平衡心理，而这种不平衡心理又驱使着人们去追求一种新的平衡。倘若在追求新的平衡中，你能遵纪守法，自觉接受良心道德党性的约束和限制，通过正当的努力、奋斗去实现人生的自我价值，达到一种新的平衡，倒也是值得肯定的；倘若在追求新的平衡中，不择手段，毫无廉耻，丧失道义，膨胀自私贪欲之心，让身心处于一种失控的状态中，那么就必然会产生一些意想不到的可怕后果。由此，你陷入的必将是一种不平衡的心理误区。

　　某人，原先曾是个表现不错，工作很有干劲也很有实绩的干部，因政绩突出不断受到提拔。但在最近的这几年，当他看到过去的同事、同学通过各种途径都富起来了的现实状况，想想自己能力至少不比他们差，而且在职位上也比他们高，然而，钱却比他们少得多。特别是到年终评比考核，在台上给厂长经理发奖金，每个人少则几万，多则十几万，而自己作为一地之长，担子比他们重，责任比他们大，工作也比他们辛苦，却两手空空，囊中羞涩，于是深感不平衡起来。

由此也就有了"何不捞点钱"的想法。于是在他就任某市市委书记期间，大肆收受贿赂，钱物达数十万元。这样，某官思想上警惕的闸门在不平衡中终于倾斜了，欲望的洪水顿时倾泻而下，一发不收，终于成为一名"死缓"的囚犯。

某教师原先教学上精益求精、兢兢业业，对学生无私奉献。但当眼见身边的一些人通过各种手段富起来时，心理也不平衡起来。单位要集资建房，口袋里没有钱，眼巴巴地望着别人搬进了宽敞明亮的新居，自己却仍然要住在低矮破旧的小平房里，对比之下倍感自己的寒酸清贫。

于是，靠山吃山，靠水吃水，靠学生就吃学生。这样，他先是暗示学生家长节假日送礼，接着便是公开的索要，再后就干脆勒令班级几十名学生晚上到家里补课，每人每月收取几十元补课费，收入既可观又合"情"合"理"。白天课堂上尽量少讲，学生有什么问题晚上到家里去补……一年下来，腰包鼓了，高档家具置了，名牌时装穿了，住房集资款几万元筹齐了……然而正当他干得起劲之时，他得到了学校的黄牌警告，自己先前树立的那种为人师表的美好形象也已消失得无影无踪了。

不平衡使得一部分人心理自始至终处于一种极度不安的焦躁、

矛盾、激愤之中，使他们牢骚满腹，不思进取，工作中得过且过，和尚撞钟，心思不专，更有甚者会铤而走险，玩火烧身，走上了危险的钢丝绳。因此，我们必须要走出不平衡的心理误区。怎样才能从这种不平衡的心理误区中突围出来呢？我以为以下几点值得考虑。

1．要会比较

不平衡心理缘于比较，缘于比较方式的不当，缘于比较"参照系"的选择的失误。前文所说的某官之类的腐败分子及某师之类的师德败坏者，他们所选择的比较"参照系"自然是那些风流倜傥一掷千金的大款，自认为能力才华不比他们差，而收获却比他们少，这是多么不公平啊！

而其实，只要我们多想一想那些普通工人、农民、个体劳动者，我们的心里又何尝有这样多的焦灼、急躁与失落，甚至是愤愤不平呢？面对着众多的尚未温饱的农民，面对着众多的贫困的待岗、下岗的城市工人，面对着千千万万辛苦操劳在生活最低层的百姓，我们的心灵必然会多一份平静，甚至多一份愧疚。我们拿了人民给我们的一份并不菲薄的工资，我们所要报答人民的就是自己的发财致富、挥霍享受吗？

2．要心有主

这种心有主就是心中要装有为人民服务的崇高宗旨。在当今社会种种诱惑特别是金钱美色的诱惑面前，我们的一些人目眩头晕，忘记了自己身为人民公仆的责任，忘记了自身所从事的职业应遵守的义务职责，在追求心理平衡的过程中，向腐败的目标迈进。

在他们身上缺少的是一种圣洁的信念、奋斗的理想，缺少的是一种世界观人生观的持续刻苦的改造，不能够自重、自省、自警、自励，不能够达到一种高尚人格的修炼。

一句话：只有解决了同什么人比、比什么这两个问题，我们才可以走出不平衡的心理误区。

（王克言）

缺憾或许就是优势

　　谁都没有想到它最后会成为一匹黑马，能在强手如林的激烈竞争中脱颖而出。2010年12月2日瑞士洛桑。卡塔尔，这个中东小国挤掉了多个强大的对手，最终如愿以偿，赢得了2022年世界杯的主办权。

　　这是一个常年受干旱、高温困扰的国家，国土的大部分是没有生机的沙漠；这是一个地域狭小的国家，如果体力允许，你骑着自行车一天能跑几个来回；这是一个人口不多的国家，四五个大型体育馆或许就能装满它所有的国民。与竞争者美、日、韩及澳大利亚相比，这个国家占尽了劣势，可卡塔尔人却不这样看。他们说，因为炎热会催生他们改变的决心，他们会给所有的球场内安装太阳能冷却系统，让球场变得恒温。正是因为国土狭小，所以参赛的球队就不会为转场而舟车劳顿了，因而能保证比赛的高质量；人口不多是事实，可这样就能把更多的球票留给国外球迷，赛场上有了更多国外球迷的参与，这才是成色最足的全世界球迷的世界杯呀！卡塔尔人还说，自己国小人少，为赛事兴建的体育馆可在比赛结束后将大部分的球场拆移到发展中国家，这不仅将把此后世界杯的影响发挥到极致，还会为国际足联留下一笔永远的世界杯遗产！

显然，卡塔尔这一别出心裁的宣传让国际足联官员们感到新奇、振奋。他们认识到，如果把机会给予卡塔尔，将会赋予世界杯一个崭新而独特的内涵。带着这份感受，他们成全了这个中东小国的世界杯梦想。

其实，很多时候，我们眼中自身的缺憾未必就是自己的不足，如果你能用积极的心态，细细审视，转念间，它或许正是别人身上没有的优势。

2007年11月6日，美国马萨诸塞州费奇堡市市长选举结果揭晓，28岁的华裔女子黄素芬以72%的得票率成为该市建立243年来首位亚裔市长。其实一开始，黄素芬根本没有参选的念头，她说："第一，我是亚裔，亚裔仅占全市人口的5%左右，华裔就更少了。二百多年了，费奇堡市还没有一位亚裔市长；第二，我才28岁，刚工作不到5年，市民会怀疑我的能力；第三，我认识的人不多，社会关系也不多，而参与竞选的有曾任四届市议员的唐纳利先生，他在本市已经积累了很深厚的人脉……"

然而，她的父亲却不这样认为："这些却正是你的优势：二百多年来，费奇堡市还没有一位亚裔市长，市民也许更愿意看到一张新的面孔；你28岁，正当年轻，古老的费奇堡市正需要年轻的活力来为它打拼；你的社会关系不复杂，所以你就没有任何包袱负累，市民们更愿相信，只有你能大刀阔斧地去做好每一件事，竭尽所能地去帮助每一个真正需要帮助的人，因为不会有与你利害相关的人来左右你的行为。"

父亲的一番话让黄素芬豁然开朗，在后来的竞选活动中，她带着这种积极的心态，向费奇堡的市民不遗余力地推介自己。最终，她成功地将原本眼中的缺憾转化成无人可比的优势，并成了最后的赢家。

看来，我们应该好好思考一下自己身上的缺憾了。人生难得完美，缺憾必然同我们如影随形。心怀梦想，积极而为，或许它们就会成为别人无法取代的优势！

（丁金华）

最完整的人最真

业余足球赛场上，每逢队友把球传到我这里时，我都及时地、恰到好处地把球迅速传给队友。在"球迷"的心目中，我很少失误，又不好表现自己，能顾全大局。其实，我是怕球在我"手里"滞留时间长，造成失误，遭到埋怨，才迅速把球踢给别人。表面的现象掩盖了自私的心态，反而易受到别人的赞扬。

这让我想起两个听到的故事。一个是在一家公司失火时，一名公司职员冒着生命危险，扑入熊熊燃烧的大火。当奄奄一息的他被人们抬出来时，大家都被他奋不顾身的精神感动了，可闭上眼睛之前的他却一语道破天机："我是去办公室取放在抽屉里的三千块钱。"

另一个故事发生在日本。一个男人跃入波涛翻滚的大海把另一个男人救上岸后，面对众多媒体的采访，他说他最大的感受，就是以后，至少是十年内不再下海救人。这是肺腑之言。

当自私的欲望被崇高的表面现象掩盖时，能勇敢地袒露自己胸襟的人，依然是最真最美最完整的人。

（刘绍义）

虚荣之痛

  我考上市重点高中的那年，母亲和我在市里租了一处房子：一是为了方便我，不要把时间都耗费在路上，二是为了照顾我的饮食起居。父亲不放心家里的门户，没办法和我们同去，就帮着我们收拾行李，把我们送上去市里的汽车。我们的车都走好远了，我还能看到父亲的手一直在那里挥呀挥的。

  母亲挥泪告别父亲，转身问我想不想喝水，我不耐烦地摆摆手。母亲不做声了，我也顺势闭上了眼睛。对于我的父母亲，我的心里是有些看不起的。我上初中的时候听周围的邻居说，我的母亲是父亲花钱买回来的。她曾经跑过无数次，都被父亲追了回来。后来有了我，母亲就不跑了，即使父亲打她，她也不跑了。母亲精心呵护着我，希望有一天我可以成才。父母亲都是赤贫的人，他们的故事满是苍白悲苦。说实话，这样的身世让我觉得很丢人。

  开学的第一天，母亲特意换了一件最漂亮的衣服送我去学校。报到后，母亲把我的行李送到了宿舍。刚到宿舍，就有人认出了母亲。

他们兴奋地叫喊着，听了半天我才听懂。原来若干年前，曾经有警察去我们家解救母亲，和警察同去的还有记者。母亲抱着我不肯离去的样子上了当地的电视。可是事情过去这么多年了，这帮和我同岁的娃娃们怎么会知道这些陈年旧事？我左右打量了一下，看到了和我同镇的小虎子在朝我吐舌头。我猜想一定是他告诉大家，我娘是买来的。

我的成绩比他好，因为成绩好，我来这里几乎一分钱没有花。而他却交了一万元的赞助费，这就成了他嫉妒我的理由。

我的手握得紧紧的。那一刻，我想打人，却找不到可以发泄的对象。

我只有对着手足无措的母亲大声喊：她不是我妈，我妈才不是这个样子呢！母亲愣愣地看着我，随即赶紧说：对呀！他不是我儿子，是他母亲托我照顾他的。

我的所谓危机在母亲的眼泪中化解了，我却依然没有半点感恩。我甚至在想，如果母亲说的是真的，我真的不是她儿子该多好哇！

年少的我觉得面子是最重要的，我丝毫没有注意到母亲变得沉默了，母亲的眼泪多了，母亲很少拉着我的手说话了。

随后的日子里，我把所有的精力都放在了学习上。可是同学们还是不依不饶，经常有人在我面前说一些莫名其妙的话。我没心情学习了，我回到租的房子里跟母亲发脾气，母亲弄清楚事情的真相后，更加沉默了。

隔天早晨，母亲找到了我们的班主任。他们谈了很久，我不知道他们交谈了什么，直到学校出现了我母亲写的纸条。那纸条遍布整个学校的角落，上面写着：赵炎不是刘小丽的儿子。我的心里莫名地不是滋味，可是我没有阻止母亲的行为。母亲继续贴着，继续给更多的人解释着。

　　看着母亲的执著，同学们慢慢地相信了。有时连我也差点儿相信了，我的危机彻底解除了。

　　隔了不久，新的问题出现了。我发现同学们几乎都有手机，那对于我几乎算是奢侈品。我非常想要，可是我该怎么要呢？我明白我的家庭状况，根本没有一点儿闲钱来给我买手机。我没有跟母亲提，可是我知道母亲存着一笔钱。那钱就在母亲的随身衣服里，我不明白母亲要用它干什么。

　　于是我想，干脆我先拿来用用吧！母亲睡着的时候，我偷了那钱，数了数，一千八百元整。应该可以买一部很时尚的手机，余下的也许还够我挥霍两天。

　　第二天，我揣着钱来到了学校。几分钟的时间，母亲就赶来了，问我见到那笔钱没有，我一口咬定没有看见。母亲的脸色突然变得很苍白，摇晃着单薄的身体离开了学校。我的心里隐隐有些不安。

　　晚上回到家，母亲竟然不在。我突然意识到事情不妙。我用口袋里的钱打车回到了家，看到的是满脸疑惑的父亲，母亲显然没有回来。

我把母亲丢钱的事情说了一下，当然省略了我拿钱的部分。

父亲说：坏了，那钱是你妈的命根子啊！钱是用来给你交赞助费的。你虽然成绩好，因为要去那学校的人太多了，校主任说可以少收但必须交，最后定了1800元。你妈准是还没来得及交就丢了。父亲拉着我去找母亲，找了一夜也没有任何消息。

十天后，母亲的尸体在水库被人发现了。因为被水浸泡的时间太长，尸体已经发胀了。我抱住母亲变形的身体，眼睛里没有一滴泪水。我知道，逼死母亲的不止是那笔钱，还有我的虚荣、我的冷漠。

母亲的葬礼上，我久久跪着不愿起来。父亲来劝我，我用颤抖的双手把那1800多元钱拿了出来。父亲惊愕地看着我，猛地扬起手要打我，最后失望地落下。我哇哇大哭着扑向母亲的遗像，我想对她说很多话，可是，母亲再也听不到了。

（花独尔）

一只老狗的人情味

我要说的人情味并不在一个人，而在一只狗。

它是我房东的一只老狗。两年前我刚搬来时它就在这里。它和那位同样苍老却面相可亲的房东老头给了我很好的印象，他们时常一起出门。

每每巷子里有了不寻常的动静，老头必定要从屋里踱步出来，却往往是老头还没出屋，老狗那一阵阵警铃似的吠声已经如雷贯耳——那只老狗从来都叫得那么认真，仿佛在这一片它是地主。

很多时候，尤其是静谧的深夜，虽隔着一堵墙，我却觉得自己和那只老狗特别近。半夜里小巷偶尔会有人走动，于是老狗马上就像白天一样矍铄地叫起来，想必一户户的人家都能听得清楚，亦不嫌烦恼，倒像是惊堂木一阵阵拍下，灵魂一震。当狗吠声响起时，我总是很感动——这狗的"人情味"，就在这里。

在深夜，人除了睡眠，所有活动都已停止，而老狗的幽息却在夜的静默映衬下显得灵敏异常，人放下白天里所有的包袱与责任沉沉地睡去，而狗却要被任何一阵发生在不确定的时间点里的声音惊醒，警觉怒吠。

每次我外出归来，总能在小巷里遇见老狗。刚开始时它见我是生人，便纵情狂吠。后来渐渐熟识了，它也并未放松警惕，依然用那双黄棕色的充满警觉的眼睛盯住我，与它彼此沉默地擦身而过，简直就像在经历一场严格的安检，但我心里却是快活的，因为我欣赏这种井然的秩序，更特别也更令人敬畏的是，人的秩序由这只狗来维持的。我甚至在心底期盼着，下一次在小巷里再度与它以同一种歪着头的姿势相逢，用我嬉皮的笑脸化解它一如既往的严肃。

母亲说，每次她开门，老狗都会特别亲热地迎上来，因为她多半是给老狗送吃的来了，这是她和老狗之间温情的秘密。久而久之，母亲甚至觉得有阵子不给老狗弄点吃的，就是罪过。初次听到母亲这番"怪论"，我不但不惊骇，反而很认可，因为这狗确实处处以人的情感和姿态存在。

房东老头的脸上最近很少有笑容，但老狗对于该叫不该叫，依然拎得很清。很多次我回来开门，都见它蜷着身子卧在我的门前，很舒坦的样子，见我走近，却又如惊弓之鸟般速速让开，眼神里透着惊惶与诚意，活脱脱一副懂礼的谦恭相。我真想给它深深鞠一躬，于是有一次拿相机想给它留影，它竟吓得一连往后退，满眼都是清纯的羞涩，这让我更加敬重它。在与我一同生活的这片领域里，似乎有了它，我对于家的担心可以放下一半。

它的毛已经开始脱落了，背部甚至有小块粉红色的皮直露出来。

每次见它，我依然不声不响地与它对视，鲜有表情。但是我珍惜每一个我能感知到的与它共在的时刻，因为我相信狗作为人类亲密的朋友，是有人情味的。

（陌上舞狐）

当友情遭遇利益冲突

职场竞争中，友情与利益冲突常常会不期而遇，初入职场的青年人对此往往茫然无措。那么，此时该怎么做呢？

把话挑明：利益之争不损害友情

行政部的于洋和朱萍，关系很好，相互间无话不说。让人奇怪的是，多年的职场打拼却丝毫没有影响到她们的友情。原来，她们有一个维系友情的"法宝"——把话挑明。

公司决定行政部选派一位员工出国培训。出国培训，不仅费用全免、工资照发，还可以为职务晋升增加砝码，确实是一份美差，部里人人都想争取这个机会。于洋资历老、工作卖力，深得领导赏识，看看周边，竞争对手只有朱萍了。中午吃饭时，于洋直截了当将她的想法告诉了朱萍，说："这些年我为公司吃了多少苦，也该轮到我了吧！要是领导大方些多给个指标，我们就可以一起去国外了。"朱萍听出话外之音，附和着说："是啊，是啊，也该你去了……"欲言又止，有点儿不好意思地说："既然我们是好朋友，我也挑明了吧。其实，我也很想争取这次机会呢。"意图撞在了一起，两人相视一笑。于洋说："部里其他同事争到的可能性不大，出国培训指标非你我莫属。"朱萍说："那我们谁也不要欠谁的，按惯例公平竞争。"于洋点点头。

接下来，两人各自忙碌起来，申请、陈述、争取，一切进行得有条不紊。过了几天，领导找于洋谈话，表示公司决定将这次出国机会给她，让她做好工作交接和出国准备。于洋按捺不住喜悦的心情，马上把这个好消息跟朱萍分享了。朱萍有些失望，但还是笑着说："真为你高兴！不管是你去还是我去，都值得祝贺！这也说明我还有许多地方需要改进和提高。"听了朱萍的这番话，于洋心里的石头落了地，她们的友情没有因这次利益之争而受到伤害。

启示：于洋和朱萍面对职场利益冲突，都选择了事先挑明，把自己的想法向对方公开，以争取对方的理解与支持，也让自己可以不再考虑友情的因素，而心无旁骛地去争取职场利益；相反，如果是拉不下脸面，不事先沟通和交流，就会各怀心事、相互猜忌，甚至为了利益不惜伤害友谊，犯下"职场背叛"的大忌，会带来不必要的麻烦，最终会损害珍贵的友情。

倾力合作：友情与利益的"共鸣"

"海归派"何磊经老同学、公关公司媒介部经理周晓鹏的引荐，应聘到资讯部经理职位。上班伊始，老同学提醒他："国内国外不一样，要当心'办公室政治'啊。"何磊没想那么多，笑着对老同学表示感谢。

这天，公司开例会，周晓鹏陈述完产品"推广计划"，老板让大家发表意见。部门经理们一言不发，见此情景，何磊开了腔："我觉得这个计划很好，不过我认为，如果再加入风险预测，它将是一份很完美的方案。"何磊话音刚落，就注意到其他部门经理都在用异样的眼光看着他。这时，老板发话了："计划总体不错，何经理的意见很好，请周经理对计划再作完善。"

散会了，周晓鹏叫住何磊，一脸苦笑："老弟，今天你可害苦我了。"何磊不解："我也感觉不对劲，怎么回事啊？"周晓鹏说："我这份计划两次公开讨论都没过关，老板上次已经发火了，如果再不能通过，公司可能就会失去这个项目。这个紧要关头，谁都不敢妄言啊。"何磊说："可我提建议，这是为公司好啊。"周晓鹏说："你提的意见也对，问题是客户明天就要计划书，时间这么紧，拿不出来就误大事了。"何磊没想到里面有这么多讲究，意识到自己违背了"常规"，给老同学增添了麻烦。

接下来，何磊立即找到老板，表示愿意全力配合周晓鹏修改计划书，争取了老板的同意。两个老同学一起加班到凌晨，终于完成了任务。项目庆功会上，周晓鹏第一个端着酒杯走到何磊面前，无须多说什么，经历这次事件，他们的同学情谊已经更上层楼了。

启示：在激烈的职场竞争中，年轻人应该正确处理好人际关系与工作利益的关系。学会怎么与同事和领导相互沟通．如果你对某项决策、工作有意见和看法，一定要从大局出发，考虑详细，并选择合适的时间和场合来提出，提出时也要拿捏好分寸，必要时可采取跟当事人私下交流的方式。

敢于说不：不让友情左右原则性利益

业务员黄新"磨"了几个月的客户终于来公司签合同了，销售副厂长林明为老朋友多年来不菲的销售业绩感到高兴，亲自参加与客户的谈判。双方谈到交货价格时，林明提出按照原先商定的价格，客户的态度却来了个一百八十度大转弯，表示不能接受，并意味深长地说："我听说，因为产品质量问题，贵厂上个星期接到了一大批退货。"林明赶紧解释："退货这回事，并非是质量问题导致，而是我们发货时弄错了产品型号。"客户语气坚决："是不是型号的原因我就不再追究了，但是，昨天贵厂车间做的货物出了问题，厂长都亲自下到车间过问，这件事林副厂长又想作何解释？"林明不禁惊出一身冷汗，客户对厂里的情况一清二楚，这谈判简直谈不下去。最后，客户狠狠地下调了价格，又请厂长出面拍板，合同才最终签订，公司为此损失近百万元。

客户走后，厂长大发雷霆："是谁把工厂内幕泄露出去的，这种事在厂里绝对不能容忍！林副厂长一定要调查清楚。"后来，事情弄清楚了，让林明颇感震惊：泄露工厂机密的，竟然是黄新，而且黄新还为此得到5万元"好处费"！黄新主动找到林明，愧疚地说："老哥，都怪我财迷心窍，中了那老家伙的圈套。"林明说："你犯下这么严重的错误，老哥我非常痛心，但工作归工作，感情归感情，处罚是不能免的。"经厂长批准，林明作出没收5万元、罚款两万元的决定。林明把黄新叫到办公室，说："在原则性问题面前，不能有丝毫马虎，我这样处理，既是为单位好，也是为你好，希望你能理解，并且体谅老哥！"黄新说："我理解你，这几天我考虑了，这里我待不下去了，我已写好了辞职信。"林明想了想，从抽屉里找出一张名片："老弟，我尊重你的选择，是虎到哪儿都吃肉，这个名片上的经理，是我一个老同学，你可以去他那里看看，我这就打电话给他。"两人的手紧紧握在了一起。

启示：身在职场的人们，面对"左手是职场友情，右手是原则性利益问题"的时候，应该学会坚持原则，在涉及原则性的利益面前，谦让而不退让，循原则而不徇私情，不能让友情左右你对原则性问题的判断，不能做违背单位价值观及商业道德的事。

一言蔽之——为了工作。

（王健民）

与妻说话

结婚好几年了，我和妻的感情一直好得让人艳羡。几位婚姻之舟摇摇欲坠的友人，问我有何绝招，我只能摊摊手、耸耸肩，无言作答。

我的确没有什么高招，我也不是那种深谙浪漫之道的男人，我那点儿可怜的花样，早在追妻之初就有些黔驴技穷。细细想来，我们感情的花好月圆，竟得益于与妻说话。

肉麻的情话是难于出口了，但也不仅仅是那些油盐酱醋吃喝拉撒的日常对白。说了也许你不会相信，我与妻所热衷的那种倾心交谈，最初是从彼此身上的疤痕开始的。

妻是个有内秀的人，言语不多。恋爱那阵儿，为了获取她的芳心，我苦苦背诵了几大本"你是风儿，我是沙"，甚至连"你是天上的白云飞呀飞，我是地上的毛狗追呀追"之类也无一漏过。妻却总是金口难开。所幸，我拙劣的表演竟没遭到妻的反感，经过三年两月零一天，我终于取得了"革命"的成功。激情过后，也有过一段相对无言的日子。直到那个百无聊赖的晚上，我游移在肥皂剧中的目光，偶然触到了妻右眉那道浅浅的疤痕。说来奇怪，恋爱那阵儿我竟然没发现。若按《婚姻宝典》指示精神而言，这是婚姻疲倦的一种隐约信号。然"宝典"也有出错的时候，事实上，因那道疤痕的发掘，我们的爱情竟然走出了一片灿烂晴空。

当时我只是轻描淡写地问妻，伤疤是怎么来的。妻便用了一种极温柔的语气，谈起了她的童年。想不到文静的妻，儿时却十分顽劣，上树掏鸟，下河摸鱼，偷摘青杏，放跑小羊等等事端，都不曾少干。而眼眉的那道疤，是妻为了抱走邻里那只她觊觎已久的小白兔，被恶狗追咬，不幸光荣摔伤的。我惊喜地发觉，妻竟然很健谈，尤其是她追怀童年时，那种温柔宁静的眼神，让我有些着迷。于是我便怀了锲而不舍的精神，去探寻妻身上每一处细微的疤痕，去挖掘藏在那疤痕之后的动人故事。

疤痕毕竟有限，但很快我们又有了新的谈资。妻是个电视迷，常陷入剧情难以自拔。然不巧的是，妻有时要上夜班，电视台却不等人。我便自告奋勇地承担了一项光荣而艰巨的任务：为妻看电视。记得《牵手》热播那阵子，妻夜班也最多。每次深夜里骑辆破车去接妻时，我便将剧情一一讲述给她。妻从背后环抱着我，静静聆听，温柔得像只猫。有时干脆就不骑车，两个人在午夜的清风与星辉间，携着手，边走边说。想来日后我能当节目主持人，并多次在演讲中获奖，无不得益于那些温情美丽的夜晚。为此，我常常陶醉在一种"爱情事业两丰收"的窃喜之中。

　　与妻说话最多的时候，还数妻住院的那段日子。起初，喜闻娇妻身怀双胎，我成天兴奋得"左三圈，右三圈，脖子扭扭，屁股扭扭"。然正当我得意忘形之时，妻却被呼啸的救护车送进了妇产医院。妻怀的竟是宫外孕，因一侧输卵管突然破裂，引起大出血。幸亏送得及时，否则我不但将失去尚未谋面的小baby，还会失去我深爱着的妻。当妻终于度过危险期，我一直压抑的泪水竟奔涌而出。在守护妻的那些日日夜夜，我紧紧握着妻柔弱的手，说了许多许多话。我向妻诉说手术室外我的坐立不安，我的心急如焚，我的默默祷告。我告诉妻，经历了那种生离死别的痛苦煎熬，我更加明白不能失去她。我搜寻着最贴心的语言，安慰妻，鼓励妻。虽然那些琐碎的话语里，没有一个"爱"字，但却处处流溢着爱的温情和芬芳。

　　而今，生活又开始按部就班。平凡人家的日子不期望会有太多意外的惊喜，我依然钟情于与妻说话。在那些新新旧旧琐琐碎碎的平常话语里，我们却品咂出了一种平淡的幸福。

（段代洪）

"畏友"可贵

　　有一部电视剧，写的是一位从小是孤儿的青年吸毒、戒毒的事。当他染上了吸毒恶习，性情暴戾，又打又闹又抢时，他身边朋友都像躲避爱滋病一样远离了他，只有一位小个子留了下来，不住地对他严厉批评，耐心规劝。故事最感人的是这样的一个镜头：当他吸毒吸得迷迷糊糊听不进任何批评的时候，这位小个子毅然甩开大掌一连刮了他十几个耳光并将之强行扭送到戒毒所。故事的结局是，当他从戒毒所里出来时，面对前来接他回去的小个子紧紧拥抱，热泪盈眶，泣不成声。

　　假如同事、同学和朋友误入迷途，是幸灾乐祸，说三道四，视而不见，尽力回避，还是主动接近，严肃批评，耐心教育，热情帮助，使之迷途知返？这位打吸毒的朋友十几个耳光的小个子为我们做出了最好的回答。对朋友负责，敢于吐真言，勇于"逆耳"，敢于"打耳光"，这才是真正的朋友。

　　我想起了古人的一句话："畏友可贵。"什么叫"畏友"？明代的苏溶有过精彩的论述。他说大凡朋友有四种：即"道义相砥，过失相规"的"畏友";"缓急可共，死生可托"的"密友";"甘言如饴，游戏征逐"的"昵友";"和则相攘，患则相倾"的"贼友"。在这四种朋友中，"畏友"和"密友"一样，是最为可贵的真正的朋友。"畏"，是品行端重，使人敬服、敬畏的意思。朋友有了错误、过失，敢于批评，勇于规劝，热情帮助，这比什么都来得珍贵。小个子就是这样的一位敢于对朋友负责和爱护，敢于对朋友批评教育，甚至为了朋友的进步，不惜刮朋友耳光的"畏友"。

遗憾的是，现实生活中的"畏友"并不太多。有的朋友认为，狠命批评朋友，揭朋友的"老底"，有伤和气，有失面子，这样的"畏友"人家不欢迎，"吃力不讨好"，因此对朋友多说好话、赞扬话、拜年话。有些人认为，朋友应该是一团和气，亲昵莫逆的，是朋友就应当有"哥们义气"，"两肋插刀"没说的。这些朋友观都是庸俗的、虚伪的、片面的，关键是得看朋友在干些什么。你偷人家东西，搞"黄赌毒"，还要对你一团和气，说赞扬话拜年话吗？当年樊哙跟着刘邦打江山，算是朋友和兄弟。而刘邦率领大军攻占了咸阳，占领了秦王的王宫后开始迷恋宫中的美女和珠宝，打算在这安乐窝中潇洒下去。樊哙知道后便提着剑冲进宫中指着刘邦的鼻子大骂，直骂得刘邦满面愧疚，打消了在王宫住下去的念头，封存好珠宝美女，还军霸上，继续过艰苦奋斗的军旅生活。樊哙友情拳拳，耿直坦荡，忠肝义胆，忠言逆耳，苦口良药，把朋友拉回正路上来，这才是最可贵最难得的"畏友"。假如这樊哙一味讲和气，一个劲儿唱赞歌，将会产生什么样的后果，不是很清楚吗？

有些人不喜欢"畏友"，因为"畏友"的话"难听"、"逆耳"，听了吃不消，甚至拒之门外。而对那些讲好话、赞扬话和拜年话的却不辨真假，沾沾自喜，对那些心怀叵测大唱赞歌的"昵友"、"贼友"式的人常常认为是真正的朋友而眉笑眼开，情同手足，这是多么危险的啊！春秋时最著名的"五霸"之首的齐恒公就是这样的人。在他晚年，最喜欢的就是听信手下易牙、开方、竖刁三个"昵友"、"贼友"式的人的甜言蜜语，结果落得身患重病，活活饿死在床上，死后三天无人收尸的悲惨结局。

人生在世，"畏友"可贵；得一千金不足喜，得一"畏友"价连城。但愿我们青年朋友在生活中能找到"道义相砥，过失相规"，忠言逆耳的"畏友"；也愿我们捧着一颗爱心做你的真诚朋友尤其是误入歧途的朋友的"畏友"。

（符　江）

对待子女不能盲目媚外

　　据说，在美国等西方国家，子女长到18岁就要离开父母、离开家庭，去自理、自立、自我奋斗、自我实现，子女的择业、婚姻、收入甚至道德取向等等父母几乎不去过问，就在里根任总统期间，他的儿子两度失业里根也不管。有人对此大加赞许，认为这才是父母对子女真正的关爱，这样做才有利于子女成材、成功，是真正的负责任。对此，恕笔者不敢苟同。我觉得盲目地欣赏甚至仿效这种"断奶"的方法，放弃父母对子女关爱、扶持的责任，对子女、对社会都没有好处。

　　我们中华民族自有"父慈子孝"的美德，也有"养不教，父之过"的古训。子女18岁以前对其呵护、教育不仅天经地义，而且受到法律的保护；子女18岁以后，继续对其生活上关心，事业上扶持，思想上教育引导，也符合天理人伦。子女上大学父母要供，你不供他他就要分散精力，怎么能学到知识、学到本领，怎么能成为社会需要的有用之材？子女毕业后要找工作，有没有一个适合他所学、所长的岗位，直接关系到他能否发挥自己的才识，为社会为国家做出应有的贡献，父母能为他找工作尽一份力就应不遗余力地做，漠然处之置若罔闻怎么能行？子女到了结婚的年龄，而经济基础比较薄弱，父母岂有不管之理？子女生活得拮据贫困，做父母的怎能心安理得自顾自地生活？就连孙辈，我们也要满怀热情地照顾、爱护，这不仅是帮助子女减轻负担，更好地工作、生活，对我们做父母、做爷爷奶奶的，也是一份天伦之乐，何乐而不为？尽己所能，发挥余热，最大限度地给予关爱和呵护，使之更好地成人，更加心情舒畅地工作、生活。这样，给社会减轻了负担，给子女铺就了一条通畅的人生之路，也为亲情增添了热力。这样做符合民族传统美德，有利于促进家庭和睦、亲情凝聚，应该提倡，应当弘扬。

西方对子女从18岁开始"断奶"的做法之所以不可取，很重要的一点还在于18岁的时候，人的道德观、人生观、价值现尚未成熟，这时候，人还不能完全地、理性地用符合社会规范和道德、法律的标准约束自己的行为。这样的年龄、这样的心理素质一旦走入社会，很可能放任自流、误入歧途，不仅给杜会带来不良的后果，对子女本人也会造成终生的遗憾。另外，任子女生活拮据也不愿帮助，这样的父母不是太缺少人情味了吗？可以肯定地说：18岁独闯社会，在"奋斗、成长、独立"等等美好的词汇背后，隐患无穷，后患无穷。我也可以同样肯定地说：中华民族传统的关爱子女的做法利多弊少；西方那种对子女18岁"断奶"的做法，利少弊多。

所以，我真诚地奉劝为人父母者，对待子女，必须坚持民族传统，多给予一些关爱、扶持，为子女、为家庭、为社会尽自己的责任和义务。在这一点上，决不能盲目媚外。

（闻忠华）

谁的爸爸

　　温勇刚毕业才三个月，为找一份好工作而四处奔波。今天是他盼望已久的日子，过关斩将，终于从一千多个应聘者当中脱颖而出，进入了华诚集团最后一关：高层老总级面试阶段，30个人竞聘八个高级白领岗位，月薪8000元。

　　这是一份相当诱人的工作。

　　见面会10点在本市香格里拉大饭店18层的小会议厅举行，30位精英们早就跃跃欲试了，静静地聚在饭店的门口，恭候各位老总们的光临和检阅。

　　温勇成竹在胸，复试前曾有位主聘官暗示他，有关领导对他相当感兴趣。

　　9点30分，一位七十多岁的老者，在电梯门口徘徊了很长时间，由于人多而进不了电梯。温勇走上前去准备引老人进电梯，突然，温勇发现老者面色难看，表情相当痛苦，右手颤抖地伸在了上衣兜里，怎么也拿不出来。温勇明白了这是一个患有冠心病的老人，温勇利落地从老人的兜里拿出一瓶药，倒出几粒药片，塞到了老人的嘴里。老人半天才缓过一口气，用微弱的声音对他说，"小伙子，谢谢你。"

那个"你"音轻得几乎听不到，老人还是摇摇欲坠。温勇扶住了他："老人家，是不是得去医院？"

老者未摇头，也未点头，生死关头不容迟疑了。温勇背起老者就冲出门外，打车把老人送到急救中心。

急救中心的医生们一边安排紧急抢救，一边问温勇要入院押金，说老人非常危险，需要一万元的押金。这对温勇来说简直就是天文数字。温勇忙分辩，这不是我爸爸。医生急了，告诉他别扯西洋景，不是你爸爸你怎么会这样热心肠，傻啊？找了一个人将他看了起来，不交钱别想走人。

这下可惨了，面试时间已过去半小时了，再不走恐怕一点希望都没有了。因为老者昏迷不醒，温勇有口难辩，无奈之中将证明自己身份的毕业证、身份证，还有一个存了800元钱的存折，都押给了院方。这是他所有的财富。好说歹说院方终于放行，临行还逼他承认这是他爸爸，不然死活别走。

他急急如漏网之鱼，半小时之内赶回了饭店，来到18楼准备与主聘官说明情况。招聘会已开始半天了，进行了多项考察内容。主聘官拒绝他做出任何解释，斥之曰：一个不懂时间观念的人，就是一个不为华诚所需要的人。

温勇脑袋一下子就大了，不知道怎么走出饭店的。他觉得自己很背运，因善事而背运。更背运的是能证明自己一切的有效证件都被押在了医院，老者真要是一梦不醒，他就无路可逃了。他急忙给急救中心打了个电话，一问那老者还处于抢救状态，医院嘱之至少需要准备两万元押金。他苦苦一笑，如坠五里云雾中。

这老者是谁？他到这里来干什么？他大脑迅速转动着，分析着。他感觉这个老人绝对不是一般人。他向服务台询问情况，查了半天，没有任何线索。

温勇想绝对不能坐以待毙，这个老人肯定和这家饭店的某单位某个人有密切联系，只有找到他自己方能真正解脱。他到文化商店买了一张大图画纸和一只黑铅笔，凭着记忆画了一张老者的素描。他虽非专业画师出身，但画工相当了得，人物素描是他的业余爱好，画谁像谁，这一技之长今天派上了大用场。

在人物的上角书一行大字：这是谁的爸爸？下有备注：本人上午在此饭店门口偶遇一突发心脏病的老者，被吾急急送往医院，因昏迷过度难知其身份，故院方强烈要求我弄清老者身份。他伸展开此画，在饭店门口一站，就站成一道风景。许多来来往往的人驻足观望遮面而笑："嘿，有意思，连爸爸也好捡。"

正当温勇被烈日曝晒出油的时候，一群人刚从饭店里出来就将其围住。仔细一看画，拉起温勇就跑，连忙问："在哪家医院？"

温勇见此景眼泪就不经意地流了下来，心说这爸爸终于有人要了。

到了医院以后，那些人都急匆匆地围着医生和老人转。当医生知道这确实不是温勇的老爸时，直啧啧称奇。顺顺当当地将所有的东西还给了温勇，连说好人一生平安。

温勇长长地舒了口气，静静地向院门外悄悄走去。突然有人从后面将他喊住，奔过来的人当中，有位就是在18楼上华诚面试现场拒绝他入试的主聘官。见是温勇吃惊不小，忙向他道歉，并向他介绍华诚的总裁李烈。李烈老总握住温勇的手连连致谢，原来温勇所救之人是华诚的老董事长。当李总得知温勇为救老父而错过面试时，李总立马表态，这样优秀的人才可以免试通过。

这一瞬间的突变，使温勇不知所措，真是无心插柳柳成荫。思量再三，他拒绝了。在场的人都搞不懂了，问之为什么，他说："我不想成为一个有背景的人。"

"可是我们不想失去你这样的人才。"李烈老总有些慷慨激昂，"有能力的人才很多，像你这样有德之才却太少了。"

温勇还是不想接受他的盛意，尽管这是他求之不得的天赐良机，但他不想工作在一个备受关照享有特权的环境里，这样他的才智将会受到严重的束缚。他比较喜欢有点儿压力的发展环境，太容易的成功会使人脆弱。

李烈老总循循善诱："当初你是不是怕错过好机会？"

他点头："当时确实不想错过这次机会，但我想机会对我来说还有很多，生命对于人却只有一次。"

"你很幸运，并没有因为救人而失去机会啊！"李总表情温善地盯着温勇。

"正因为如此，我不能因为救了老板的父亲而获得特殊礼遇，"温勇态度坚定，"救人时我并没有想他是谁的父亲。"

李总颇觉无奈："我们真的不能拥有你吗？"

他越拒绝，李总越是爱之难弃。

"李总你的好意我领了，"温勇郑重其事地说，"你只要能以一种感恩的心情，时常想一想这个美丽的故事，就算谢我了。千万不要以一种感恩的情怀来给予我什么，否则会破坏了这故事的美丽。"

挥手间，他悲壮地远去了。

有时，放弃比得到更需要勇气。

（董　朗）

不给朋友出难题

　　华子虽然为大伙做了不少好事，可往往是他的"好心"却未必得到"好报"：他的"人缘"并不好，且身边的朋友也日渐稀少，华子对此常觉得委屈，感喟人心不古，哀叹世态炎凉。其结果是更加地陷入孤独，时时出现"无言的结局"。为何如此？细细琢磨，其实并不能怨恨别人，关键还是在于华子自己对"朋友"定位的偏差，他在有意无意间地给他人出难题。

　　误区之一，"投之以桃，就要报之以李"。

　　华子在小林家境十分困难的情况下，为小林出学费，在生活上给予了大量的接济，甚至于小林上大学时还住在华子家里，这当然让小林十分感动。终于，小林大学毕业后如愿以偿地留校任教。几年后，华子的孩子也上中学了，小林便自告奋勇地担当起了孩子的家教。每当孩子学习上有什么疑难，小林随叫随到。可有两次由于小林不巧有事脱不开身，没有如约到华子家中去。这可让华子很"伤心"，直冲冲地把小林呛得有口难辩，一气之下便另外请了"家教"。华子还在多个公开的场合责怪小林"忘恩负义",简直让小林无地自容。在这里,华子的教训是,华子在助人与图报之间忘记了还有个"不"字。他想到的是投之以桃,就应得之以李,而且希望得到的是毫无条件的回报,从而在高尚的助人之举中掺进了索取的砝码。事实上,纯洁的行为中就像眼睛里容不得沙粒一样,不及时地清除掉,就会让人不舒服。因此,助人要助出乐趣,必须在助人的过程中时时警惕杂念的掺入。做了好事图回报,别人就会警惕地从你的身边走开。

误区之二,"还不是你自己告诉我的?"

华子和方君曾经是一对无话不谈的好朋友,可后来却出现了隔阂。方君暗恋上了本单位的一个同事 A 姑娘,但因为 A 姑娘已有男朋友而"无可奈何"。方君在一次喝酒后,向朋友华子"披露"了此事。时隔数日,华子出于对方君的关心,自作主张地找 A 姑娘求"情",当即遭到 A 姑娘婉拒。于是,华子又四处张罗着帮方君遍寻对象,还时不时地张扬帮方君找对象的来龙去脉。故而,方君"暗恋 A 姑娘"的事便不胫而走,闹得满城风雨。当方君将自己的难堪委婉地向华子提出时,华子却不以为然地说:"这有什么关系,还不是你自己告诉我的?"一句话把方君"逼"得哑口无言,也"吓"得方君以后有什么事不敢再轻易对华子说了。渐渐地他们的关系也就疏远了。在与方君相处的事情上,华子可是好心办成了坏事。在现实生活中，知心朋友之间彼此会把内心的秘密和一些不成熟的想法向对方倾吐，这或为了感情的渲泄，或为了求得正确认识。对于这些秘密和不成熟的想法，作为朋友，一定要恪守秘密，切勿当作"新闻"到处炒作，否则将会失掉知己。

误区之三，"我知道你是不会让我失望的"。

华子约好春生周五晚上到饭店聚一聚。不巧的是，春生的妻子中午烧饭时一阵头晕，突然间手脚发软，天昏地暗，"扑通"一声跌坐在地，春生连忙把不省人事的妻子抱上床，又是给吃药，又是掐人中。幸运的是，人倒是很快地清醒了过来，可她睁大着双眼，内心里充满了极大的恐惧。因此，春生决定取消与好友华子晚上的聚会。于是，他打电话给华子，将妻子生病的事告诉了对方，希望华子能够体谅。谁知，华子听了以后，却不以为然："哎呀，那是常见的眩晕症，没什么了不起的。我老婆不知晕倒过几百次了，不必那么神经兮兮的。我们约好老地方见，不见不散。"春生连忙一个劲地解释道："我妻子感到恐怖得很，她总以为自己快断气了，不希望我离开她……"华子抢过话头说："好啦，我知道你不会让我失望的，就这样说定啦！""啪"的一声便挂了电话。到了晚上，华子见春生没有按时赶到，又接连打了好几个电话催春生早点儿去。面对朋友的"十二道金牌"，春生只好硬着头皮去了。可华子对于春生的迟到并不原谅。这更让春生感到"华子这个人真难缠，好无情"，渐渐地他们的关系也就冷淡了下来。我们应该记住的是：作为真正的朋友，不能仅仅凭自己的需要和好恶来强求对方而让朋友为难。朋友相处，应尊重对方的感受，设身处地为朋友着想。因为，要建立和谐的人际关系，培养出纯真的友谊，就要多站在对方的角度去体味朋友的喜怒哀乐和酸甜苦辣，并及时地给予情感上的慰藉和满足，这才能保持住真挚纯洁的友情。

误区之四，"你既是我的朋友，就应两肋插刀"。

华子单位新买一辆"皇冠"车，好朋友小李是驾驶员。华子想过过"车瘾"，跟小李提出来。小李委婉地告诉华子："你没有驾照，出了问题不好交待。"对于小李的婉言拒绝，这时的华子在心理上就感到很不平衡了："我们既是好朋友，又有啥关系呢，小李也真有些不够哥们儿。"华子妹妹出嫁，华子想用小李的车作婚嫁车，好给他撑撑面子。这可使小李感到很为难：单位刚刚制定的新规定，怎好违反呢？可小李怎么解释，华子怎么也听不进去，当即一甩袖子就离开了，华子感到很生气，认为是小李成心不肯帮忙。于是，他们的关系也就每况日下，以致发展到形同陌路。华子希望小李能够帮他，可要帮的却又是违章犯纪的事，这分明是强人所难，这哪有什么友谊可言？须知，友谊从来就是同只顾自己而不管他人难处的言行相背的！

误区之五，"朋友之间帮这点儿小忙又算得了什么？"

华子的"铁哥们儿"林海跑了一趟外地，华子听说那里的煎饼物美价廉，全国有名，就让林海"顺便"给捎回几斤。不凑巧，天公不作美，那几天正逢酷暑闷热，又连着下了两天大雨，尽管林海为了这几斤煎饼费尽了心机，可在归途中还是"不幸"地发了馊，还长出了小毛毛，只好在火车站忍痛扔掉。不料，这竟惹得华子老大的不痛快："好你个老林，托你办件针尖儿大的事儿，你都推三阻四，不办也罢了，还编瞎话诓人，可真不地道。"而林海正满肚子委屈呢，为了你这几斤煎饼，还专程中途下车，你连一句感激的话都没有，还怨这怨那的，你才叫不地道哩！后来，他们的关系就这样给"葬送"掉了。朋友间乐于帮助，这是天经地义的，可是如果不足挂齿之事也要去劳烦朋友，尤其是当对方已为你尽了力，你不仅不领情，还要上纲上线地计较一番，那就不是人家"不够意思"，而是你自己"不够意思"了。

古希腊民主派政治家伯利克里在他的《阵亡葬礼上的演说辞》中说道："我们结交朋友的方法是给他人以好处，而不是从他人方面得到好处。"的确如此，我们要想使友谊能够保持长久，就要像鲁迅先生所终生恪守不渝的交友信条那样："我决不出难题给别人做。"

（张石平）

拥有一颗快乐的心

　　人活着一方面要奉献，为社会为他人做点什么；一方面要善于享受快乐，充分体验生活着的美丽。

　　我们常常感到活得很累，为烦恼所困扰。其实，生活中并不都是不快，而是我们常常把烦恼看得过多过重，把一点儿烦恼和不快扩大得占据了心头的全部面积；把快乐看得过少过轻，甚至视而不见、有而不觉，在自己心头没了位置。这不能不说是一种自我折磨。

　　人都有这么一种体验：心情舒畅，喝一杯清茶，也觉得神清气爽，非常愉快；有时珍馐满桌，但一怀愁绪，毫无快乐可言。所以，我们说，快乐绝不是某些人的专利，而是人所共有的一种心态，一种精神的体验，任何人只要脱离了整天为吃穿犯愁的困境，生活中总是有着无限乐趣和蓬勃生机的。过得快乐不快乐，就看你是否善于发现生活的美好，是否有一颗快乐的心。

　　从小生长在贫寒农家的我，祖辈父辈都是荷一柄七尺之锄刨土觅食的农民，凭着一点秉赋和几分勤奋走出了盐碱地当了"孩子王"，仍然是两袖清风。从童年到现在的"知天命"之年，不曾有过富的感觉，今后也不太可能"发达"起来。但是，作为过来人，穷人之乐与均贫之道，我了然于胸。穷苦朋友，患难之交，相濡以沫，一个地瓜掰两瓣，一枝香烟折两截。曾于僻远的山区教书，在仅能遮风挡雨的矮屋内，一个草枕，一领破席，倒头便睡。为了看一场电影，早早地吃了晚饭，吆三喝五，翻山越岭，兴致勃勃。到了驻军大操场，寒风砭骨，瑟瑟发抖，大家挨挨挤挤，有说有笑，只看见银幕上的人影晃来晃去，并不在乎他们在做什么，就像他们不知道我们在做什么一样。"哄"地一声，电影放完了，大家各自散去，又何其快乐！虽说这都是当年的生活方式，现在忆及，也不觉有什么遗憾，倒让我们明白了一个道理：清贫，未必不快乐。古人早就说过："贫贱是苦事，能善处者自乐；富贵是乐境，不善处者更苦。"古往今来，多少贫且"贱"者，能淡泊自甘，安贫乐道，虽粗衣劣食，处山陬，居陋巷，仍不改其乐。人说"自得其乐"——快乐是自己体会的，正如烦恼多是自寻的一样。所以，古人们愿意寻找精神的自娱。"至乐无乐，至誉无誉"，庄子觉得"无为"是真正的快乐；"衡门之下，有琴有书，载弹载咏，爰得我娱"，陶潜欣赏的是幽居的"真意"；唐朝大诗人白居易在饮食起居上表现得处处知足，主张"无欲"则快乐。他曾写诗说："方言舍宅小，不过寝一室；何用鞍马多，不能骑两匹。"他自号"乐天"，可见他天天快乐。知足者，没有非分之想，所以不必仰人鼻息，看人脸色，用不着摧眉折腰，溜须拍马，活得轻松洒脱，活得有滋有味，活得如闲云野鹤之怡然自得，活出一种悠然的乐趣。

自然，市场经济时代已经容不得那么多的诗情画意、天真温情。过去的士大夫们可以辞官回家赏菊花，今天，哪里有一片田地供他去种好看不赚钱的菊花呢？广告上的美酒倒是不少，可是若没有"阿堵物"，恐怕也是难得"把酒话桑麻"的。人们的快乐只能或不得不体现在用金钱买来的那点儿"快乐"上了。唐伯虎若在今朝想"不使人间造孽钱"，恐怕是不可能的，想要"闲时写幅青山卖"，也少不得要先付给画商们一笔代理费吧？

话虽是这么说，还是不能把快乐系在金钱上。相传有一个富商，生意做得很大，每日操心、算计，多有烦恼。挨着他家的高墙外面，住了一户很穷的人家，夫妻俩以做豆腐为生，却有说有笑，快快活活。富商太太说："我们还不如隔壁卖豆腐的两口子，他们尽管穷，却活得很快乐。"富商听了，便说："这有什么难，我叫他们明天就笑不出来。"于是他拿了一锭十两重的金元宝，从墙上扔了过去。那两夫妻发现地上不明不白地放着一个金元宝，心情立刻大变。第二天，夫妻俩商议，发财了，不想再磨豆腐了，干点什么好呢？一下子发财了，又担心被人家误认为是偷来的。如此商量了三天三夜，还是找不到最好的办法，觉也睡不安稳，当然也就听不到他们的欢笑和歌唱声了。富商对他太太说："你看，他们不说笑、不唱歌了吧？办法就这么简单。"这故事也说明了一个道理：快乐，不能用金钱来衡量。富贵者，未必快乐。不少富且贵者，争权夺利，互相倾轧，既布设陷阱机关算尽害人，又忧讥畏谗处处防人害己，成年累月心劳力拙，神经紧张，虽锦衣玉食，金银满箱，也得不到多少快乐。

有人说诗人作家最快乐，不见得！杰出的诗人拜伦一生中只有三个快乐的时候。因此说，快乐，也不能用成就与否来衡量。成功者的内心或许是孤独的，而村野大树下那个穿破布褂的老叟倒可能是快乐的。设若我们总以为自己有更重要的事情要做，为文凭而读书，为做官而媚笑，为身份而沉默，为开会而喝茶，为拉关系而串门，为谈恋爱而看戏，为流行而穿着，等等。当我们一切行为都成为一种手段时，我们还有什么快乐可言？

趋乐避苦，趋利避害，是人之本性。人活着不是只为了承受沉重，而是要走出沉重收获轻松。不善于享受快乐的人生，是一次不成功的旅行，是一种不完善的人生。享受快乐，会感到活着是一种美好。因而，追求快乐，亦在情理之中。但为了得到快乐而蝇营狗苟，身陷名缰利锁，却难免误入歧途，真像俗语所谓"出得虎穴又入狼窝"。人生快乐的时刻是人的全身心感到舒展解放的时刻。应该问问，自己追求什么样的快乐，那"快乐"是不是真快乐。有人看到安逸之乐，却不知艰苦劳动中人的身心充实之乐；有人看到索取之乐，却不知奉献过程中人的价值实现的崇高之乐；有人追逐感官刺激，认为那是快乐，到头来却不免感到空虚。精神充实之乐，比沉湎于感官享受的肉体之乐更持久，也更高尚。所以，韩愈说："与其有乐于身，孰若无忧于心。"

花花世界，人生的诱惑太多，若在这些诱惑面前辨不清它到底意味什么，只是盲目地追逐潮流，像被狠抽了一鞭子的陀螺，身不由己地为名利权位不停地旋转，为锦衣玉食不停地追求，等一阵喧腾之后，就会发现情感已被销蚀的千疮百孔，连自己原本拥有的快乐也给丢掉了。正如一首旧民歌所描述的那样："终日奔忙为了饥，才得饱食又思衣。冬穿绫罗夏穿纱，堂前缺少美貌妻。娶下三妻并四妾，又怕无官受人欺。三品四品嫌官小，又想面南做皇帝。一朝登了金銮殿，却慕神仙下象棋。洞宾与他把棋下，更问哪有上天梯？若非此人大限到，上到九天还嫌低！"这种人得陇望蜀，贪得无厌，欲壑难平，必定一天到晚心如汤煮，怎么能感到快乐呢？

人生在世，谁都希望生活得快快乐乐，而不是"凄凄惨惨戚戚"。只要理解了快乐的真谛，就有了寻找快乐的"秘方"。快乐是什么？快乐是淡泊的纯美心灵、高雅的文化素养和奔放的生命热情共同浇灌出来的美丽花朵，只要你懂得享受生活的自然乐趣，把日子过得简单一点，从容一点，淡泊一点，直率一点，你的生活就可能增添更多的温馨、更多的色彩，你也便会有着许许多多的快乐。世间之事，境况不同，怎样对待，拥有何种心境，可谓大异其趣。"千山鸟飞绝，万径人踪灭。"天气如此寒冷，然而，"孤舟蓑笠翁"却去"独钓寒江雪"。这位老渔翁乐观豁达之豪情与心境让人好羡慕。敞开胸怀，心境更好，你就会感到彩霞为我凌空，月亮为我放光，鲜花为我开放，群山为我起舞，鸟儿为我歌唱。独坐窗前，看那绵绵阴雨，也是美妙可心，别有一番情趣。此种处处、事事、时时可乐的心境，只有远离功名，宁静淡泊之人才能享受得到。

总而言之，天无绝人快乐之路，只要你淡泊、平和，只要你豁达、乐观，善于从不完善中去发现生活的美好，放眼四周，尽是良辰美景，赏心乐事，就自然拥有永远的快乐。

（牟瑞彬）